四川省社会科学高水平研究团队
"四川青少年思想道德教育创新研究团队"建设计划资助项目研究成果

反思与超越：

新时期中小学德育模式理论与实践研究

白 洁 罗万勋 李昌国 张 荣 杨思慧／著

 四川大学出版社

项目策划：陈克坚
责任编辑：陈克坚
责任校对：傅　奕
封面设计：墨创文化
责任印制：王　炜

图书在版编目（CIP）数据

反思与超越：新时期中小学德育模式理论与实践研
究 / 白洁等著． — 成都：四川大学出版社，2021.8
ISBN 978-7-5690-4602-1

Ⅰ．①反… Ⅱ．①白… Ⅲ．①德育－教学模式－教学
研究－中小学 Ⅳ．① G631

中国版本图书馆 CIP 数据核字（2021）第 077624 号

书　名	反思与超越：新时期中小学德育模式理论与实践研究
著　　者	白　洁　罗万勋　李昌国　张　荣　杨思慧
出　　版	四川大学出版社
地　　址	成都市一环路南一段 24 号（610065）
发　　行	四川大学出版社
书　　号	ISBN 978-7-5690-4602-1
印前制作	四川胜翔数码印务设计有限公司
印　　刷	四川盛图彩色印刷有限公司
成品尺寸	170mm×240mm
印　　张	12.25
字　　数	217 千字
版　　次	2021 年 8 月第 1 版
印　　次	2021 年 8 月第 1 次印刷
定　　价	62.00 元

◆ 读者邮购本书，请与本社发行科联系。
　　电话：(028)85408408/(028)85401670/
　　(028)86408023　邮政编码：610065
◆ 本社图书如有印装质量问题，请寄回出版社调换。
◆ 网址：http://press.scu.edu.cn

四川大学出版社
微信公众号

前　言

　　教育是民族振兴、社会进步的重要基石，是功在当代、利在千秋的德政工程，对提高人民综合素质、促进人的全面发展、增强中华民族创新创造活力、实现中华民族伟大复兴具有决定性意义。中华民族向来注重立德树人，向来重视青少年德性教育。在中国传统社会中，一代又一代劳动人民既用汗水创造了无数的光辉业绩，也以智慧留下了诸多的教育之道，前辈哲人对育人理论的追寻与探索，时至今日仍然历久弥新。中国特色社会主义进入新时代，教育的基础性、先导性、全局性地位和作用更加凸显。

　　置身于中国改革建设发展新时期，青少年的思想道德建设面临着全球化带来的价值取向多元的冲击，伴随着网络技术的广泛应用，青少年的思想道德建设给教育工作者提出了更大挑战。青少年的世界观、人生观、价值观是否与国家的发展同频共振，是否能够在实现中华民族伟大复兴的征程中成为德智体美劳全面发展的社会主义建设者和接班人，是教育工作需要面对的时代课题。因此，加强青少年德育教育的理念，改进青少年的德育教育方式，增强其时代性和有效性是当前中小学德育教育的重中之重、当务之急。

一、时代呼唤中国特色更加鲜明的德育教育

　　历史的车轮一往无前，中国特色社会主义进入了新时代。中国社会经济发展的空前繁荣也带来了史无前例的生活快节奏，对青少年的思想道德建设提出了更高的要求。在新时代，教育方式、教育理念要首先更新和改进，使得学习方式多元化、世界一体化、人生选择多样化。尤其是党的十八大以来，党和国家带领全国人民取得了辉煌的建设成就，为广大青少年的成长搭建了广阔的成长空间。我们要深刻地意识到，时代发展既赋予了青年人时代使命，也为青少年成长留下了深刻的时代烙印。教育是国之大计、党之大计。社会的大变革让青少年的成长环境发生了巨大变化，在这

样的发展背景下，我们应该更加注重围绕"培养什么人、怎样培养人、为谁培养人"这一根本问题作出无愧于历史和时代的回答。

从全球来看，当前新一轮科技革命和产业革命正在兴起，重大科技创新正在引领社会生产新变革，互联网、人工智能等新技术的发展正在不断重塑教育形态，知识获取和传授方式与教和学的关系正在发生深刻变革。人民群众对教育的需求更为多样，对更高质量、更公平、更具个性的教育需求也更为迫切。我们必须抓住机遇，超前布局，以更高远的历史站位、更宽广的国际视野、更深邃的战略眼光加快推进教育现代化、建设教育强国作出战略部署和总体设计，推动我国教育不断朝着更高质量、更有效率、更加公平、更可持续的方向前进。党的十九大从新时代坚持和发展中国特色社会主义的战略高度，作出了优先发展教育事业、加快教育现代化、建设教育强国的重大部署。习近平总书记关于教育的重要论述，既根植于中华民族崇文重教的优良传统，又体现了中国特色社会主义新时代的鲜明特征，是马克思主义基本原理与中国教育实践相结合的重大理论结晶，是习近平新时代中国特色社会主义思想的重要组成部分，为我们做好新时代教育工作提供了强大思想武器和行动指南。

时代发展对教育事业提出了更高的要求。这是时代发展的要求，也是人的发展的需求。我们需要更多、更深入的思考，教育应具有政治高度、人文温度、文化厚度、国际化广度的特性，需要更多中国特色更加鲜明的德育教育。青少年的德育教育应从中国优秀传统文化中汲取营养，能够遵循教育规律，吸收国内外先进的青少年教育理念，同时又能充分根植中国发展实践，坚持立德树人，让青少年在成长的过程中提升本领，发展自我。教育要引导学生树立共产主义远大理想和中国特色社会主义共同理想，增强学生的中国特色社会主义道路自信、理论自信、制度自信、文化自信，在中国的大地上放眼世界，肩负起民族复兴的时代重任。

二、基础教育是提高民族素质的奠基工程

"少年强则国强"，基础教育是提升民族素质的奠基工程。德育教育的目标是党和国家对青少年在德育方面所期待达到的要求，是德育工作的出发点和归宿点。青少年德育教育是学校、社会、家庭共同的任务和使命，是任何民族、任何国家的发展都必须关注的关键环节。基础教育的德育教育需要紧跟国家发展大势，以问题为导向，找准着力点，为人才培养奠定

坚实基础。

人生的第一粒扣子要扣好，不能错位，更不能缺位，基础教育主要在每个人世界观、价值观、人生观正确树立的关键时期实施，也是青少年扣好人生第一粒扣子的关键时期。基础教育阶段的德育教育是青少年的铸魂工程，应深深扎根于中小学教育的各个领域，无论是教学体系、教材体系，还是管理体系，都应该围绕着立德树人的根本任务设计和展开。青少年德育教育内容的深度和广度应该与受教育者年龄特征和思想品德发展水平紧密对接，德育内容的针对性应该从学生成长的需要和现实社会的迫切要求出发。本书编写组成员在调研及研究的过程中经过深入研讨得出，我国基础教育的德育教育体系在不断地改进和完善，呈现出了欣欣向荣、因材施教的可喜成绩，但是仍有一些问题不能忽略，比如德育教育一体化建设仍需循序渐进，青少年学校德育教育要素尚有待完善，基础教育德育育人总体目标在所有教育活动中一致性还不强，距离知行合一的教育效果还有一定的距离。2018 年 9 月召开的全国教育大会，对新时代加快推进教育现代化、建设教育强国、办好人民满意教育作出了系统部署。我国基础教育战线，要全面贯彻落实全国教育大会精神，紧紧围绕立德树人这一根本任务，牢牢把握正确方向，着力突出中小学德育实效。我们要着力于深化教育体制机制改革，透彻了解新时代基础教育阶段德育工作的短板与优势，筑牢优势，缩短短板，不回避问题，以系统化、全面性的整体视角审视教育现状，勇于创新，突出特色，因地制宜，源源不断培养能够担当民族复兴大任的时代新人。

三、西部地区中小学德育教育任重道远

西部地区由于自然、历史、社会等多方面原因，经济社会发展在全国还相对滞后，总体的教育基础条件还需要进一步提升，优质教学资源还不均衡，在新中国成立以来比较长的时间里，西部地区的整体教育水平与东部地区还有一定距离。对于四川省来说，四川省的少数民族地区、成都平原地区、农村地区等基础教育呈现出了较大的差异性。差距催生了改革，也促发了追赶的脚步，人民对教育的期盼带来了教育事业的巨大变化。四川省教育近年来取得了历史性成就，发生了历史性变革，教育规模由小到大，四川省成为名副其实的教育大省，整体发展水平进入全国中上行列。教育改革发展的动力活力、人民群众的教育获得感、教育服务经济社会发

展的能力持续增强。基础教育育人的成效越来越显著。新时期，四川省中小学德育教育也在实践中逐步总结和摸索，期待紧跟时代发展不断反思，实现更高水平的进步。

中小学生作为祖国的未来和希望，是伟大中国梦的践行者。我国中小学生思想道德水平的高低直接影响着国家的未来。中国基础教育发展将会是一场关系人类未来自身发展的拉力赛，同时还是一项考验民族智慧的勇敢者事业，这尤其需要动员基础教育相关联的每一份力量。编写组在调研、学习、研究的过程中得到了四川省众多教育工作者的支持和帮助。培养德智体美劳全面发展的社会主义建设者和接班人，这是时代赋予教育者们的神圣使命，让所有有志于此的理论研究者与实践工作者共同努力，为新时期的青少年教育工作再谱华章。

目　录

第一章　新时期中小学德育困境的解析

第一节　新时期社会发展的特点

在全球化、信息化浪潮的冲击下，任何一个民族与国家，无论是发达国家还是发展中国家，都不可避免地以某种方式主动或被动、自发或自觉、或迟或早地发生社会变革。当然，作为世界上最大的发展中国家，中国和其他国家一样在发生社会变革。

1978 年 12 月，中国共产党十一届三中全会召开，在确立"实践是检验真理的唯一标准"这一划时代理念的进程中，中国摆脱了"以阶级斗争为纲"的"左"的束缚，开始了"以经济建设为中心"的新时期。党的十一届三中全会的召开标志着中国改革开放新道路的开辟，也显示出中国共产党的历史转折意识的觉醒。1979 年，邓小平同志在党的理论工作务虚会上代表党中央强调指出："使全党有可能把工作重点从今年起转移到社会主义现代化建设上来。这是我国历史上的一个伟大的转折。虽然过去我们已经进行了多年的社会主义建设，但是我们仍然有足够的理由说，这是一个新的历史发展阶段的开端。"[①]

在历史的转折进程中，中国共产党清楚地认识到中国是第三世界不发达的国家。中国社会在历史变革与发展中面临前所未有的机遇和挑战，从农业社会转向工业社会，从传统社会转向现代社会，从自给自足半自给自足的产品经济转向社会主义市场经济，从封闭社会转向开放社会，从同质单一性社会转向异质多样性社会，从伦理社会转向法理社会。党的十七届

---

①　中共中央文献编辑委员会：《邓小平文选》（第 2 卷），北京：人民出版社，1994 年，第159 页。

四中全会审议通过的《中共中央关于加强和改进新形势下党的建设若干重大问题的决定》，站在历史的高度，深刻总结了中国共产党成立 88 年、执政 60 年、领导改革开放 30 年来中国社会发生的三次历史性转变：从半殖民地半封建社会到民族独立、人民当家作主的新社会的历史性转变，从新民主主义革命到社会主义革命和建设的历史性转变，从高度集中的计划经济体制到充满活力的社会主义市场经济体制、从封闭半封闭到全方位开放的历史性转变。这表明，中国共产党清醒地认识到了自己的历史方位和历史使命，更加自觉地从执政党的历史方位出发，不断调整自身与社会变革发展的共存共生，实现自身发展与社会变革发展的有机统一和良性互动，努力团结带领中国人民实现中国社会近代以来面临的第二大历史任务：实现国家繁荣富强和人民共同富裕的庄严历史使命。

思想的解放使得探索在实践与认识的两个方面日益深化。从邓小平理论，到"三个代表"重要思想，到科学发展观，再到习近平新时代中国特色社会主义思想，正是一步步探索的伟大成果。今天，中国改革开放的成就已是举世公认，回首 40 多年改革开放历程，无一不是在探索中迈进，正是有了这些探索，才对中国特色社会主义有更加明晰的认识。

党的十八大以来，世情、国情、党情均在发生着深刻的变化，伴随新问题、新情况的不断涌现与解决，改革开放仍然是当代中国最鲜明的特色。与改革开放初期相比，当今的改革进入深水区，各种复杂因素开始呈现，各项改革事业步入攻坚阶段，社会生活的各个领域都涌现出了巨大的变化，并且这些变化在广度、深度、速度、难度上均呈现出前所未有的态势。面对新阶段新问题，党的十八届三中全会在新的历史起点上明确提出全面深化改革，强调全面深化改革的总目标即"完善和发展中国特色社会主义制度，推进国家治理体系和治理能力现代化"[1]，在全面深化改革阶段，要更加注重"改革的系统性、整体性、协同性"[2]。在此背景下，我国社会发展进入了全面深化的关键阶段，面临着经济、政治、社会、文化的全方位、深层次的变革与发展。

当代中国的社会变革与发展是有着中国特色社会主义性质的，是社会

---

① 中共中央文献研究室：《十八大以来重要文献选编》（上），北京：中央文献出版社，2014 年，第 512 页。

② 中共中央文献研究室：《十八大以来重要文献选编》（上），北京：中央文献出版社，2014 年，第 512 页。

制度的自我完善。当中包含了社会主义各种机制的改革和制度的创新、生产力和生产关系的不断调整。然而，随着社会现代化、一体化进程的不断加快，已经不仅仅局限在经济体制改革上，而是转变成了全社会的、全方位的变革与发展。"这一阶段必然会充满各种利益矛盾、价值冲突、信仰迷失、发展失衡以及行为失范"。① 这正是我们所要面对的，也是我们研究的缘起。

中国社会变革与发展置身于国际大环境中，国际环境的变化对于当代中国的社会变革与发展影响巨大。当代中国社会变革与发展的国际背景中，具有突出影响力的要素有二：

一是全球化。全球化是一种客观的历史进程，也是现代化的重要特征之一。可以说，"'现代化'同时也是一个'全球化'的社会变迁过程"②。中国的社会变革与发展离不开全球化这个大背景：首先，全球化是一个全球全方位沟通、接触和相互影响的客观历史进程和趋势。全球化由经济全球化引发，不仅深化了世界的经济联系，也深化了世界的意识形态和文化联系。马克思曾经指出："资产阶级，由于开拓了世界市场，使一切国家的生产和消费都成为世界性的了。"③"物质的生产是如此，精神的生产也是如此。"④ 因此，中国的社会变革与发展也很难"独善其身"，要在全球化浪潮中与世界现代化的步伐互动。其次，全球化是社会转型的"双刃剑"。就中国的社会变革与发展而言，全球化有利也有弊：有利的一面显而易见，比如充分利用后发优势，借鉴发达国家社会发展的经验教训，充分利用全球化的先进资源，弯道超车，迅速崛起；与此同时，其弊端也不容忽视，如经济危机的波及，霸权主义、自由民主等思想文化的输入和渗透等。中国作为一个发展中国家，如何趋利避害、迎接挑战，是一个重要问题。

二是信息化。信息化是"利用现代信息技术对人类社会生产体系的组

---

① 李朝智：《社会转型期政府思想政治工作的环境、特征探微》，《理论月刊》2013年第3期，第53页。

② 谢立中：《当代中国社会变迁导论》，石家庄：河北大学出版社，2000年，第58页。

③ 中共中央马克思恩格斯列宁斯大林著作编译局：《马克思恩格斯选集》（第1卷），北京：人民出版社，1995年，第276页。

④ 中共中央马克思恩格斯列宁斯大林著作编译局：《马克思恩格斯选集》（第1卷），北京：人民出版社，1995年，第276页。

织结构和经济结构进行全面的改造"①。信息技术的兴起使社会生活的各方面都发生了翻天覆地的变化，"信息时代"的到来也催生了世界范围内的社会变革与发展。就中国的社会变革与发展而言，信息化是社会变革与发展的关键点。信息化建设使经济与社会的发展模式发生了巨大变化，它不仅仅是工业社会的简单延伸，而且是助推社会跨越式发展的关键催化剂。信息化催生了知识型经济、网络社会、数字化生活等经济和社会发展模式的到来，广泛而深刻地影响着社会领域的转向，经济的发展模式、人们的工作、生活方式、思维方式甚至社会形态都因信息化而发生了显著的变化。"从空间上来看，具有全方位、多角度、多层次的特点，从时间上来看是加速度的，从历史进程上来看，具有复杂性与艰巨性等特征。"②

从经济角度看，当代中国社会变革与发展是由计划经济向市场经济结构的转型，但中国是社会主义市场经济，不同于西方国家私有制基础上的资本主义市场经济。我国社会主义市场经济基本标志是坚持公有制的主体地位，以防止两极分化、实现共同富裕为根本目标，在社会主义市场经济条件下，国家要实行强有力的宏观调控。也就是说，在社会变革与发展期，从社会主义计划经济向社会主义市场经济的转型，市场经济确立了作为市场主体的社会成员个体平等的主体地位和发展权利，共同发展目标体现着所有社会成员个体的普遍的平等发展权利，促进了个体的主体意识和个体发展意识的形成。③

政治上，中国的社会变革与发展是社会主义制度的自我完善。迄今为止，市场经济一直被认为是一个合理而有效的社会组织方式。因此，中国的社会变革与发展不是抛弃社会主义，转向其他社会制度，而是通过市场经济建立一个更加合理、更加优越的社会制度。对中国来说，这是中国社会主义性质的"政体连续性背景下的渐进式改革"，这是从人治社会向法治社会的转型，是向基于个人自由和平等的民主法治社会的转型，是当代中国社会政治变革的重要表现。中国传统封建社会基本上是一种伦理道德

---

① 周宏仁：《信息化——中国现代化的必由之路》，《广东学习论坛报告选》，广州：广东人民出版社，2006 年，第 63 页。

② 王永进、郇泽天：《我国当前社会转型的主要特征》，《社会科学家》2004 年第 6 期，第 41 页。

③ 金龙：《教育公正新解——重构社会转型期教育公正观》，华东师范大学 2005 年博士后研究工作报告，第 75 页。

社会，以等级制度为核心，以私人感情为主线联结社会成员之间的关系，以儒家伦理道德为主要依据规范社会成员的行为。中华人民共和国成立以后，在当前社会变革与发展期，政治发展的目标是推进民主法治建设，不断完善以人民代表大会制度为核心的政治制度建设，从而加强法治来保障个体的合法权利、保障人民代表反映社会成员合理要求的权利，这是当前政治发展的最典型标志。

从文化上看，当代中国社会变革与发展是由以计划经济为基础的社会主义文化形态向以市场经济为基础的社会主义文化形态的转型。市场经济是一种自主经济，自主性经济要求发挥一切个人的主动性和创造性，因而要求经济主体拓展一种个体主体性的文化意识，以实现经济体系与文化现状的整合。中国传统文化是以群体为本位的，中国人的自我是一种依存于群体的自我。以计划经济为基础的社会主义文化形态不仅没有改造这一文化传统，反而在某种程度上强化了这一传统，使以群体为本的文化发展成国家本位的文化。自我文化意识的长期偏落，不仅意味着自我文化意识所表征的人的主体性和自我主体感的丧失，甚至连自我也随之失落了。随着文化范式的根本更新和社会结构的现代转换，特别是社会主义市场经济理论的确立及其实践的切实展开，客观上为自我文化意识的生成创造了条件。[①]

人们的思想观念发生了深刻变化。随着计划经济体制向社会主义市场经济体制的转轨和社会结构的变化，人们的生活方式、就业选择、利益诉求、价值取向、思想观念等出现多样化趋势，原有的思想观念和价值体系受到了巨大的影响和冲击，表现为：第一，市场经济的开放性，削弱了传统的地域封闭观念，开阔了人们的眼界，推动了观念更新；第二，市场经济的竞争性，冲击了因循守旧的保守观念，激起了勇于进取、开拓创新的精神；第三，市场经济的等价交换，冲击了等级、特权观念，增强了人们的平等意识；第四，市场经济唤醒人们的自主意识，增强人们的风险意识。[②] 同时，随着阶级、阶层多元化，社会成员的价值取向逐步呈现多样化。不同区域之间、阶层之间、代际的认识差异明显增加，形成社会共识

——————————

① 金龙：《教育公正新解——重构社会转型期教育公正观》，华东师范大学 2005 年博士后研究工作报告，第 76 页。

② 翟晶：《正确处理社会主义新农村中农村人民内部矛盾问题》，东北师范大学，2007 年，第 8 页。

和社会认同的难度加大，社会价值取向的差异和整合难度增大。

从社会结构意义上来理解社会变革与发展，忽略了社会转型中最为重要、最为关键的作为社会主体的人。这种"社会结构"研究的着眼点是社会客体性，虽然也涉及社会结构和人的社会行动的互动关系，但对"社会人"的考察主要是把他作为实现社会变革的工具、资源、"人力资本"加以研究的，人的主体性消融在社会的客体性之中了，在方法论上并没有摆脱功能主义、技术主义、发展主义的影响……存在着见"物"不见人的倾向。……我们在考察社会转型时必须坚持客体性和主体性、本体论和价值论相统一的视角，把社会转型看成社会生产方式和生活方式变革的过程。从我国的现代化发展实践来看，在社会转型研究中忽视社会的主体与客体生成关系和人的主体性的发展要求，在一定意义上说是更值得注意的，具有很大负面影响的倾向。①

学者章辉美据此也认为，"人是社会转型的主体，社会转型作为人们的实践活动，涉及社会各个领域、层面，经济、政治、文化等，主要领域和层面的结构不断优化，这种优化所呈现的趋势是一个将传统的、农业的、封闭的和贫困的社会推进到现代的、工业的、开放的、富裕的和民主的社会的过程。因此，无论一个社会如何受到全球化的影响、无论它如何选择社会转型的模式、途径，其实质都是一个促进其社会成员健康人格、人民生活富裕、自由与幸福、民主与文明的过程"②。从这个意义上理解，人是社会变革与发展的主体，人的观念的转变是社会变革与发展的最核心、最根本的动力。那么，当代社会变革与发展是人们的观念从传统观念向现代观念的转变，是人们实践与生活方式的转变，是促进生活富裕、自由与幸福、民主和文明的过程。

第二节　新时期中小学德育的挑战

随着市场经济体制的全面确立，中国社会整体取得巨大进步，无论社会结构、经济体制、分配方式都发生了深刻变化，人们的社会价值观与生

---

① 王雅林：《中国社会转型研究的理论维度》，《社会科学研究》2003年第1期，第88页。
② 章辉美：《社会转型与社会问题》，长沙：湖南大学出版社，2004年，第8页。

活方式也随之发生重大改变。学校教育所处的宏观环境、中观环境都发生改变，这些伴随社会变革与发展所发生的一系列变化对学校教育对象产生了直接的影响，适应社会变革与发展的新时期必然会向学校教育提出新的挑战。

一、时代背景：当代世界道德危机的严峻挑战

当今世界，各国学校教育面临的最大危机之一就是青少年的道德危机。20 世纪以来，科学技术迅猛发展，成为现代社会进步的决定性力量。在全球文化相互激荡、科技突飞猛进、竞争日益激烈的今天，而道德作为一门塑造灵魂的科学，与经济发达时代的科技教育相比却相形见绌。人的教育、伦理道德教育被极大地轻视甚至忽视、冷落，道德教育的淡化与削弱以及一系列社会道德问题，引起了人们的高度重视和警觉，"道德教育正处于危机之中"。联合国秘书长加利（Ghali）在 1995 年哥本哈根社会发展世界首脑会议上就深刻指出，当今世界正面临着社会和道德危机。

20 世纪六七十年代，世界各国的教育没能提高一代人的道德水平，没能培养出理想的公民，却造成了"道德困惑的一代"。青少年道德危机的状况在西方发达国家并不罕见。

20 世纪 80 年代，美国政府由于重科学教育而轻道德教育，给学校道德教育带来了严重影响和冲击，《美国 2000 年教育战略》对该国道德危机作了如下描述："对相当多的儿童来说，应成为其保护者的家庭本身就处在放任堕落状态中，从来没有一个应有（保护其）的家庭；邻里是一个充满恐怖的场所，街道是一个充斥暴力之地；儿童饿着肚子、蓬头垢面、胆战心惊地来到学校；吸毒、酗酒、肆意行凶，青少年怀孕、艾滋病等瘟疫侵蚀着儿童。"[①] 20 世纪 90 年代的美国青少年被称为"漠不关心的一代"，"有太多的年轻人在成长过程中几乎从未接触过我们的自由所赖以存在的基础——道德标准"，"各种年龄的孩子承认撒谎、欺骗和盗窃行为的人数之多也前所未有"[②]。美国的一份教改报告认为，"二次大战以来，膨胀的个人主义传统变得越来越强大……社会失去了内聚的共性意识"。一位全

---

① 王义高：《当代世界教育思潮与各国教育改革趋势》，北京：北京师范大学出版社，2002年，第 57 页。

② 王瑞苏：《比较思想政治教育学》，北京：高等教育出版社，2001 年，第 87~88 页。

球问题专家指出工业化导致了越来越多的青少年受到损人利己动机的驱使，对为社会服务和树立对社会利益的责任感越来越没有兴趣。①

英国德育状况同样不佳。20 世纪 60 年代，英国青少年道德教育出现了理论上的困惑和实践上的软弱，青少年吸毒、抢劫、凶杀、性混乱等犯罪行为，成了英国政府迫切需要解决的重大课题。英国许多青年人道德观念模糊，分不清对错，不知道该相信谁或者把谁作为榜样②；校园欺凌事件是"一个大问题"，导致校园暴力泛滥，平均每年约导致 20 名被欺凌的孩子自杀。

法国青年被人们称为"被牺牲的一代"，他们中的许多人昏头昏脑，吸毒、搞打砸抢、搞自我破坏。③ 在处理传统社会公德问题上，当今的法国青少年的兴趣、语言和习惯深深震撼了社会；他们中的许多人并不认为像砸碎一个电话亭、偷税漏税、欺骗雇主、在超级市场行窃、用假文件逃避兵役等是很严重的缺乏公民责任心的行为，而一般民众对此看得很重，相比前辈们而言政治信仰更模糊不清，他们被称作"政治边际"人。④

在日本，以强凌弱，从低年级的语言威胁、冷嘲热讽，到高年级的敲诈勒索、暴力行为等，随年龄的增大而变得越来越糟糕恶劣。1995 年日本的《青少年白皮书》披露，日本青少年犯罪率呈上升趋势。具体表现为：学生之间的斗殴行为、学生对教师的暴力行为以及破坏公共财物等校内暴力事件增加，犯罪率升高，自杀率上升。

在俄罗斯，精神病专家鲍里斯·德拉普金（Boris Drapkin）认为，俄罗斯青少年一代中的部分人正在变得蠢笨、不断退化，在他们的性格方面形成了病态的劣性：残忍、好撒谎、有怨恨心理，对什么都无所谓。⑤

面对世界范围内日益突出的青少年理想信念模糊、价值观念淡薄，心理承受力、道德判断力、自我防御力日益下降，以及社会危机感不足等问题，人们开始反思市场取向所带来的青少年伦理道德缺失、职业道德下降等令人担忧的问题，以及当代学校道德教育的盲点、不足和存在的问题。

---

① 贾仕林、崔景贵：《国外青少年道德教育的走向及其启示》，《青年探索》2001 年第 5 期，第 47 页。

② 王冬桦：《东西方道德教育比较研究》，《比较教育研究》1996 年第 4 期，第 17 页。

③ 王冬桦：《东西方道德教育比较研究》，《比较教育研究》1996 年第 4 期，第 17 页。

④ 吴军民、齐耀铭：《法国青少年的公民意识与公民教育》，《青年研究》2000 年第 8 期，第 45 页。

⑤ 王冬桦：《东西方道德教育比较研究》，《比较教育研究》1996 年第 4 期，第 17~18 页。

从世界范围来看，当代不少青少年的道德滑坡。因此，越来越多的国家把青少年道德教育放在所有教育的首位，这已成为教育发展的国际趋势，重视和加强青少年道德教育已成为全球教育改革和发展的共同课题。

青少年道德教育问题已经成为当今世界的焦点，引起各国政府和国际组织的广泛关注和重视，社会、学校、家庭对加强德育的呼声日益高涨，最终演变为对道德教育的呼唤。联合国教科文组织 1989 年 11 月主持召开的面向 21 世纪教育国际研讨会以"学会关心"为主题，把道德教育作为会议主题之一。国际教育委员会主席 S. 拉姆勒（S. Ramler）指出："为培养 21 世纪的公民，我们必须不断设法帮助学生学会'用他人的眼光、心理、心态来看待事物'"，"建立一种要求我们为地球上人们更好地生活负责的价值体系"[①]。最有潜力战胜全国国民性危机的是学校。

二、时代主题趋势：目前世界各国普遍重视学校德育

20 世纪以来，人类发展的主要问题之一是严重的社会问题，如人际冲突、利己主义、吸毒、淫乱、赌博、暴力等，大多数都发生在青少年身上。随着多元文化的冲击和现代化进程的加快，青少年面对多种多样的价值观，不知如何选择，导致出现信仰怀疑、信仰动摇以致信仰崩溃的精神状态。许多青少年不知道如何做人，缺少对人生价值和意义的反思、探索和追求；在社会问题上，他们缺乏对国家、人民的爱，缺乏对社会事务的关注，缺乏对全球问题的担忧。道德危机愈来愈严重，引起了各国政府和国际组织的普遍关注，并把道德教育改革提升到关系国家未来的高度。[②]

爱因斯坦指出："学校的目标始终应该是青年人在离开学校时，是作为一个和谐的人，而不是作为一个专家。"[③] 在孔子诞辰 2543 周年之际，乔治·赫伯特·沃克·布什（George Herbert Walker Bush，常称老布什）在贺词中指出，孔子所树立的道德规范，为世界各地所肯定及奉行。在美国，一些最迫切的问题源于家庭生活及家庭价值崩溃，此时应该遵循

① ［美］拉姆勒著，夏惠贤译：《二十一世纪的全球教育》，《比较教育研究》1993 年第 3 期，第 47~48 页。

② 赵丽霞、麦清：《文化多元化背景下中小学德育的困惑与应对》，《天津市教科院学报》2013 年第 4 期，第 42 页。

③ 盛跃明：《思想政治教育转型论：现代性的观点》，北京：人民出版社，2015 年，第 186 页。

孔子对个人荣誉和家庭责任的教诲。"美国德育正是按照这样的目标，从而把培养'人'的活动放到了极端重要的位置。"①

美国历任政府首脑都非常重视思想道德教育。前总统老布什曾强调，"把道德价值观的培养和家庭参与重新纳入教育"，"教会孩子区别正确与错误"，摒弃"价值自由观念"。在他的《重视优等教育》一文中明确指出，学校不能仅仅发展学生的智力，智力加品德才是教育的目的。1991年4月，老布什签发了全美教育改革文件——《美国2000年：教育战略》，这份纲领性文件提出美国教育的四项"战略目标"和六项"国家教育目标"。后者中就有四项与德育有关：要求学生的历史、地理知识合格（在美国一向把历史、地理作为思想道德教育课程），必须掌握成年后在社会竞争中履行公民权利与责任时所需的知识、技能，每所学校都没有毒品和暴力，提供一个秩序井然的有纪律的学习环境。1993年，上台不久的克林顿政府颁布了题为《2000年目标：美国教育法》的全美教育改革计划，与老布什的《美国2000年：教育战略》基本一致，而且更具有可操作性。在1996年和1997年的国情咨文中克林顿政府强调，新政权的核心政策是教育政策，政策从培养人才开始，要求学校必须进行品格教育，必须把美国青少年培养为好公民，最终目的是要恢复美国的国际竞争力。

除了美国，其他各国无不重视研究、改进德育途径和方法，调整、充实德育内容，以求德育的最佳效果。在日本，近现代两次西方文化浪潮冲击之后，日本政府针对整个资本主义发展国际化过程中出现忽视德育、道德滑坡的现象，倡导加强和充实学校德育。日本政府于20世纪80年代开始加强德育，逐渐把"智、德、体"的顺序改为"德、智、体"，视德育为日本兴亡的关键。1989年，日本召开"加强道德教育全国大会"，修改教育大纲，重新确立道德教育目标，做到"家有规，校有章，公司有德行"。强调学校德育要"完善陶冶人格""培养身心健康的国民"，面向21世纪的培养目标归纳为三项：宽广的胸怀、健康的体魄、丰富的创造力。日本的大、中、小学都开设了伦理学和品德课。

日本被称为当代最重视学校德育的国家。日本学者认为，日本的教育在战后之所以出现荒废现象，一个重要原因，就是忽视了德育。1988年

---

① 买雪燕：《国外道德教育对我国德育建设的启示浅议》，《青海社会科学》2006年第6期，第130页。

日本临时教育审议会在关于教育改革的报告中指出，决定日本未来 21 世纪命运的，将是在道德情操和创造力方面都足以承担起的日本年轻一代，而当务之急是要加强学校的德育。日本在其规划的《21 世纪的教育目标》中明确指出："只有重视思想素质的培养，才能保证人才的健康成长。"可以说，20 世纪 80 年代以后，日本的教育改革基本集中于德育的改革。日本将德育作为 20 世纪 80 年代末社会改革的一项迫切任务，并在加强道德教育全国大会上提出了改革的原则和措施，强调道德教育的目标在于形成"人"，还提出道德教育不能单靠学校进行，必须使学校、家庭、社会密切结合起来。

英国、法国、德国、澳大利亚、加拿大等国也看到了"在道德教育方面，人们期望正在高涨"的社会现实，提出只有不吝惜在品德教育上花钱，才能使智力更有效地发挥作用。越来越多的国家认识到，道德教育投资实际上就是生产性的投资，并且会很快地得到经济偿还。1993 年在广州召开的面向 21 世纪的教育改革国际研讨会认为，"在未来的 21 世纪应该把道德教育放在全部教育的首位"①，要重视和加强青少年道德教育的研究和改善。从某种意义上讲，重视和加强德育之所以成为时代主题，是西方发达国家面对种种尖锐复杂的矛盾，陷入深刻危机的必然选择。

新加坡也十分重视德育。1990 年 2 月，新加坡政府发表了《共同价值观》白皮书，提出了各族人民都能认同和接受的"国家至上，社会为先""家庭为根，社会为本""关怀扶持，同舟共济""求同存异，协商共识""种族和谐，宗教宽容"五大共同价值观。时任总理李光耀说，新加坡生死存亡取决于人民精神教育的成败。如果一个民族只贪图物质享受，这个民族就不能成为意志坚强的民族，不能抵抗外来侵略，就经不起考验。新加坡政府将道德德育作为振兴民族的重要手段，从建国伊始到如今矢志不渝。在《李光耀回忆》中指出，新加坡政府非常重视学校道德教育在国家事务中的地位作用，他们把学校教育目标确立为塑造"有文化素养、勤劳、努力、合作的善良新加坡国民形象"。仅仅用了 30 多年时间，就把原来脏、乱、差的社会问题严重的地区治理成了世界公认的环境优美、干净整洁、人民文明礼貌的地区。新加坡是世界上将道德教育列为学校科目并正式实现的国家之一，道德教育在中小学课程中居首要地位。

---

① 王冬桦：《东西方道德教育比较研究》，《比较教育研究》1996 年第 4 期，第 17 页。

三、时代特点：世界各国德育特征

（一）密切联系社会，突出时代性和适应性

德育没有一成不变的永恒模式，德育必须密切联系社会实际。根据世界及本国政治、经济、文化条件的变化，不断调整内容、方式、理论等，以满足社会的需要。学校德育需要社会关心，社会进步需要学校培养品质优秀的公民。学校德育与社会大环境相互促进、相互支持，学校德育的影响与社会进步和谐统一才能处于同质状态。当代世界各国都强调德育改革的出发点在于主动适应社会发展的实际需要。正是从实际出发，当代西方德育现代化的过程中十分注重德育观念的时代性，致力于传统道德价值与现实社会之间的联系，在改造传统文化的基础上发挥其现代价值，为现代德育服务。[①]

突出时代性和适应性，是当前西方国家学校开展德育的出发点。国外德育非常强调适应性，有人称之为"适应道德教育"。这种趋势表现为：学校德育的目的和核心价值观的确立，是建立在符合本国国情基础上的，是根据社会实际需要适时提出来的，因而具有较强的针对性。在制定德育目标时明确提出，从本国的政治经济发展的水平出发，根据国家发展的需要，培养在现代化建设中具有开拓性的人才，同时又要考虑到学生个体身心发展的实际需要和可接受程度。许多学校也从社会发展的需要出发，不断总结实践经验，提出富有时代性的新的德育理论，增加新的德育内容。学校德育改革的政策和策略是根据社会发展需要制定的，同时也根据社会实际需要不断加以完善。在学校德育的方法和途径方面，也体现了时代性，目前许多发达国家普遍采用现代化的手段，用各种先进的科技来辅助教学，展示各种在课堂上不可能展示的情景，从而大大提高了学校德育工作的效果。[②]

（二）日趋综合化、网络化、生活化

综合化、网络化、生活化是当今西方国家学校德育发展的大趋势。所

---

① 孙新枝：《当代国外德育发展的新特点》，《佳木斯大学社会科学学报》2008 年第 3 期，第 122 页。

② 季海菊：《生态德育：国外的发展走向与中国的未来趋势》，《南京社会科学》2012 年第 3 期，第 131 页。

谓综合化，是指当今西方国家学校德育的形式已趋向综合，主要通过专门的德育课程来完成，发展为既重视课堂教育，同时也注重融入各门学科和日常生活之中对学生进行德育教育。而网络化则是指在学校德育中，改变了单纯依靠学校进行德育教育，发展为政府、学校、家庭、教育机构共同担负起相应的教育职责，他们目标一致、相互作用，形成一个紧密联系的综合德育网络。[①] 还有一些西方国家把德育的网络扩大到宗教组织、社会团体、慈善机构、社区中心等方面，相互之间建立起制度化的联系，使学校的德育形成一体化的教育网络。具体讲，就是学校教育、家庭教育、社会教育有机结合形成纵横联系的道德教育的立体网络，学校德育、家庭德育和社会德育之间的联系更加紧密，以便形成教育的合力。充分发挥德育的整体教育作用是国外道德教育的一大显著特征。例如，学校在开展道德教育活动时，积极利用社区的教育力量，主动接受家长和社区的支援，请社区居民作临时教师，或请居民家长作义务辅导员，协助学校工作，利用多余的教室，促进学生与家庭、社会的合作，成为社区学习和交流的空间，进而探索根据实际情况将学校与社会教育设施有效整合。

这样的网络化教育方式，能够增强家长及社会各界培养教育青少年的责任感，能促进学校、社会、家庭之间的信息交流，能及时协调学校、社会、家庭对青少年的教育要求及工作步骤，能优化学校的外部教育环境，建立德育网络对提高德育成效、保证德育质量有重要作用。因此，世界各国都非常重视构建德育教育的这种模式，并提出相关的原则，要求学校、家庭、社会、学生各个方面要相互衔接、相互配合。[②]

近年来在国外的学校德育改革中，德育网络化的趋向日益增强，已逐步取代以往的德育形式。此外，国外学校德育已逐步从书本转向实践活动，从课堂转向现实生活。在面向生活的过程中，西方国家学校德育更加注重与现实生活紧密联系，努力适应社会发展和个体发展的需要，实现德育教育多渠道、多层次、全方位的组织体系，通过道德教育的立体网络施加影响。

---

① 季海菊：《生态德育：国外的发展走向与中国的未来趋势》，《南京社会科学》2012 年第 3 期，第 131 页。

② 孙新枝：《当代国外德育发展的新特点》，《佳木斯大学社会科学学报》2008 年第 3 期，第 121 页。

（三）凸显显性方式与隐性方式相结合①

20 世纪 90 年代中后期到 2010 年左右，一些西方国家的学校在开展德育教育时，改变了"课堂中讲授、集会中灌输"的传统做法，越来越重视通过设置隐性的德育教育课程，把学校德育教育由显性课程教育转向隐性课程教育，充分发挥隐性课程的渗透性功能作用，力求在潜移默化的过程中完成德育，达到强化德育教育的目的。

苏联解体后，为了恢复国家在学校道德教育中的责任，俄罗斯颁布了国家统一的教学标准，确定了学校德育纲要。在该纲要的指导之下，俄罗斯中小学在实施德育过程中，一方面坚持通过开设道德课，向学生讲解系统的道德伦理知识；另一方面强调将德育目标贯彻到学校其他课程特别是人文社会科学的课程中。具体来讲，学校德育内容和目标还渗透在各学科教学中，包括历史、文学、外语、艺术、体育、生物、解剖学、天文学等，使德育课程形成立体性和渗透性的格局。除专门的德育课外，俄罗斯学校德育课程在设置上还体现了学科兼容、相互融合的渗透性。

美国不仅注重在专业教学中渗透德育，同时，美国的学校还注重通过课外活动、校园文化和校园环境建设、咨询、指导以及管理工作等形式进行德育渗透，促进学生品德的完善。美国不仅重视利用大众传媒等加强德育工作，而且重视通过社会公共环境的情境熏陶、渲染、渗透，进行德育教育。美国不惜投入大量资金进行社会政治环境场所的建设，这些社会政治环境和场所从各个不同的角度和侧面体现"美国精神"，是美国向其国民开展德育的重要基地和生动教材。

英国在目前的学校教育中，既开设了与德育内容直接相关的宗教教育、健康教育以及公民教育，通过教师的传授促进学生价值观的形成和发展；同时又将德育内容渗透在各科之中，并通过学生的校外活动等对学生进行德育引导，两者相互补充，相互结合。

与西方国家单纯的"渗透式"德育不同，日本、韩国、新加坡三国都开设了专门的德育课程。在进行德育课显性教育的同时，三个国家都特别注重德育课程与其他学科教学相结合进行隐性教育，在学科教学中潜移默化地渗透德育内容。

---

① 曲俊华：《当代国外学校德育特点比较及其启示》，《现代商贸工业》2009 年第 16 期，第 215～216 页。

日本学校注重通过国语、历史和地理等学科教学渗透德育内容。国语课采取循循善诱和情绪感染的方法，培养学生尊重国语的态度和团结、诚实、谦虚、自律和合作精神。日本的历史课站在历史的角度，审视日本在国际大环境中的历史作用，并展望日本的发展前景。地理课要求青少年加深对国土的认识，了解日本除了国民的上进心、责任心外"一无所有"，增强他们的危机感和紧迫感，教育他们保护环境、珍惜自然资源。

韩国的国文、数学、自然、科学、体育、实验和劳动技能等课程都以潜移默化的方式，渗透德育内容。国文课培养学生热爱民族语言，数学、自然、科学等课培养学生严谨的科学态度和正确的思维方法，体育课培养学生坚强的毅力和战胜困难的勇气，实验和劳动技能课培养学生理论联系实际的作风。

新加坡学校注重各科教学渗透作用的发挥。新加坡语文教材反映了华族的文化和传统价值观，包括华族的礼仪、习俗、节日、家庭观念、奋斗历史以及中国古代的神话、音乐、戏曲等，主要目的是让学生了解华族文化，吸收蕴含于其中的孝亲、礼让、睦邻、公德心等价值观。新加坡学校的历史、地理等科目也都规定了详细的德育目标。

（四）重视德育实践，注重融入素质教育

当代西方国家学校的德育不仅重视"认知"，而且还十分注重通过形式多样的实践活动促进"行为养成"。

在国外，许多学者认为道德伦理规范的灌输不利于学生道德水平的提高，真正的教育途径还是实践，只有通过实践，才能进一步增强学生的社会责任感和伦理道德观念。为此，各国充分利用课外时间组织学生开展多种多样活动，如讲座、演讲会、报告会、展览会等，围绕德育内容和社会热点问题，积极组织支持学生参与各种社会活动，让学生在活动中接受教育，在参与中获得道德发展。

道德教育应鼓励学生通过自己的认知活动和实践活动获得道德成熟。苏格拉底（Socrates）主张通过与他人交谈、讨论与辩论，激发受教育者寻求真理的热情，引导受教育者思考、寻求问题的答案和发现真理。亚里士多德（Aristotle）认为，"智德"（理智的道德）主要是训练和教育的产物，而"行德"（道德方面的美德）的产生发展主要是习惯的结果。也就是说，它是在日常生活中，在理性指导下反复实践得来的。

20 世纪初，有许多道德教育理论家强调活动，特别是主张儿童自主的独立活动的道德教育的不乏其人。杜威无疑是最重要的代表。杜威主张"让孩子认识到他的社会遗产的唯一方法是让他去实践"①，因为"除了教育者的努力和儿童们不依赖教育者而是自己主动开展的活动之外，教育者便变成了外部压力。虽然这种教育可能会产生一些表面的效果，但实在不能称之为教育"②。

注重提高人的素质，是国外德育的普遍发展趋势。现代教育的发展强调教育的根本是以人为本的教育，而以人为本的教育关键是综合素质的教育。注重培养人的素质、提高人的素质、改良人的素质是国际教育的普遍发展趋势。无论从各国的德育目标的具体规定，还是内容安排和方法的运用，都十分注重发展青少年的个性品质，提高他们的综合素质、提高整体素质是各国德育教育共同关心的问题，德育不再是单纯地传授道德知识，解决眼前的道德规范问题，而是想方设法培养学生批判性和创造性思维，形成完美的个性。目前各国采取了多种形式、多种途径来实现既定目标，并取得了良好的效果。尽管近年来各国在发展道德教育方面作出了巨大努力，但物欲横流使得拜金主义和享乐主义仍然在社会上兴起，给道德教育的发展带来了严峻挑战。以经常发生"校园枪击"的美国和"校园女生援助交际"的日本为代表，吸毒、性放纵、思想颓废、激情犯罪等现象仍然是困扰 21 世纪所有国家的严重社会问题。如何驱散这些道德阴霾正在考验各个国家执政者的智慧。③

虽然当今世界各国处于不同地域，有着不同的政治、经济制度和文化背景，但是随着 20 世纪 70 年代以来经济全球化和教育国际化、现代化、网络化的发展，道德教育的淡化与削弱以及普遍严重的道德问题引起了世界各国的关注，青少年道德教育问题已经成为当今国际教育改革的焦点，已引起了世界各国政府和国际组织的普遍关注与重视。

关注道德教育的国际化趋势提醒我们，必须把道德教育提升到关系国家兴衰和社会稳定的极其重要的战略地位。在重庆大学举行的国际交流会

---

① 〔美〕杜威著，赵祥麟、王承绪编译：《杜威教育论著选》，上海：华东师范大学出版社，1981 年，第 72 页。

② 〔美〕杜威著，赵祥麟、王承绪编译：《杜威教育论著选》，上海：华东师范大学出版社，1981 年，第 72 页。

③ 孙新枝：《当代国外德育发展的新特点》，《佳木斯大学社会科学学报》2008 年第 3 期，第 122 页。

议上，国际教育基金会总裁（IET）石峻昊博士曾中肯地指出，在追求更高的学术与科技教育的同时，千万不要忽略青年人的人格教育；否则，将会面临西方诸如犯罪、道德败坏、家庭的崩溃与其他种种的有关问题。这些问题的存在并不是科技的失败导致的，而是最基本的教育的失败。借鉴西方国家成功的德育经验，吸取其失败的教训，面对日益复杂的社会现实，中国未来青少年道德教育将走向何方？毫无疑问，这是对我国道德教育的又一大挑战。

第三节　新时期中小学德育的困境

新时期，中国社会的变革与发展和全球化的深入发展对中小学德育构成了新的机遇和挑战。尽管中小学德育的问题已引起诸多的理论探讨和实践上的变革，但是，在现实境遇中，中小学德育内在性的矛盾并没有得到根本性的改变。中小学德育变革还不得不直面当下的理论与现实困境，应依据中小学学生特点和德育发展规律和目标期待，建构现代中小学德育新理念，以实现普通教育阶段德育的现代性转变。

一、新时期社会环境的负面效应困境

社会是一个大熔炉，每个人都不能离开社会生活，每个人也都会自觉或不自觉地受到社会的影响。中国正处于以市场经济改革为核心的全面社会变革与发展时期。社会变革与发展必然带来社会利益结构的整合，而利益结构的整合导致利益主体的多元化，这种多元化体现在意识形态领域就是形成多元化的价值观。社会价值观对青少年价值观有很大的影响。在改革开放和多元化的社会背景下，好与坏、美与丑、健康与不健康的信息及思潮和社会风气，使我们面临着道德缺失的严峻挑战。

家庭环境是学校德育的基础环境。学生在入学前就已经受到自身家庭的思想行为的影响，而这些思想行为有时会带有一定的非道德性。改革开放以来，中国发生了翻天覆地的变化，经济快速发展，更多家庭忙于金钱物质上的追求享受，却忽略了孩子精神上的需求、思想道德上的教育，在一定程度上影响着孩子们的价值观。当代中国，离婚率逐年上升，单亲家庭的数量在增加，家庭的破碎在很大程度上影响了孩子的身心健康，对孩

子的成长极为不利。与此同时，由于过去计划生育政策的实施，独生子女的数量庞大，家长对其过分呵护、溺爱，使独生子女变得任性、合群性差、自私自利，这些都对学校德育产生了负面的影响。[①]

随着城镇化进程的推进，农村中小学的生源普遍减少，许多学校进行了关、停、并，不少学校采取了寄宿制，办学条件逐步得到了改善，农村中小学不再片面追求升学率，升学压力大大缓解。这种转变为农村中小学推行素质教育奠定了客观基础，同时也带来不利的一面，学生的德育教育几乎都由学校来承担，德育教育在整个培养环节的比重大幅度增加。农村中小学的德育教育主要由学校领导或政治课教师采取灌输的教育模式。这种方式不能说无成绩，究其真正效果如何，因缺少具体的评价体系，很难作出恰当客观的评价。近年来，从事农村中小学教育的教师普遍感受到德育教育的艰难，无论是通过历史上典型人物的学习，还是当下宣传部门与媒体树立的道德模范，学生的学习兴趣普遍感觉不浓。

城市里的孩子们，随着高层建筑的建造，一个又一个社区的出现，邻居之间的关系不再那么亲近密切。同住在一个楼层里，左邻右舍却几乎是陌生人，彼此变得漠不关心，这对年轻人有着特别大的影响，限制了他们的活动范围，也限制了他们与邻居和同龄人间友谊的发展。随着时间的推移，部分青少年，特别是部分儿童的心理变得封闭，与外界接触很少，也使得他们中的许多人缺乏是非观以及抵御压力的能力。农村孩子所处的社会环境相对更差，如居住分散、信息闭塞、相互间交流少、留守儿童普遍等因素，缺乏父母与社会层面的管教，使得对学生成长阶段性格影响最大的家庭教育缺失，其思想情感处于自我形成与发展的状态时，没有得到很好的引导与培育。当今德育教育面临着一个全新的环境，农村社会环境不断改变，德育教育的媒介与主、客体发生了新的变化。中小学教育理念需要适时调整。[②]

随着科学技术的发展，21世纪的人类进入了信息时代，各种信息的传播越来越不受限制，网络媒体对人们生活的影响越来越大。众所周知，要达到预期目的，舆论宣传必须充分考虑接收对象的具体情况，如接收时

---

① 刘杰兴：《浅论当代中国加强中小学校园德育的必要性》，《才智》2014年第12期，第45页。

② 黄学多：《新时期农村中小学德育教育新途径探析》，《当代教育理论与实践》2012年第9期，第16页。

间、接受者文化素质等。德育教育的媒介发生了变化，问题重重的社会舆论宣传加剧农村中小学德育环境的恶化。在信息化时代，大多数农村中小学都有了网络，互联网已经成为学生生活的重要组成部分，德育教师的灌输或强力宣传模式遇到了阻力。互联网的发展有其积极的影响，但在一定程度上也给青少年带来了消极的影响。互联网上许多负面信息对学生缺少正确的引导，网吧和游戏室已经成为一些学生常出没的地方，很多青少年沉溺于网络游戏，厌倦了学习。部分青少年模仿网络上一些不健康的行为，甚至做出违法犯罪的事来，这也使得爱国主义教育和道德教育变得愈加困难。

在农村，许多农民受教育程度不高，劳动强度大，闲暇时间甚少，并且没有阅读报纸和看杂志的习惯，充其量他们只是看看电视和手机上网，以接收来自外面世界的讯息。此外，一些基层干部多年来忽视了对农民的宣传教育，而基层宣传往往基于知识分子的水平，不管作为受众的农民喜欢不喜欢，这样他们又怎会把子女的道德教育放在心上呢？加上近年来高校大学毕业生就业形势不容乐观，导致读书无用厌学情绪又一定程度抬头。

中小学生的世界观尚未形成，尤其是处于学校教育阶段的青少年，他们缺乏自我保护能力以及自我控制和明辨是非、善恶的能力，他们很容易染上不良习惯和行为，容易被社会上的一些不良信息误导。这也给学校思想道德教育带来了很大负面影响和冲击，在很大程度上影响了德育的实效性。总之，社会环境的激荡不仅促使着农村思想观念的变化，也阻碍着旧观念的进步，而旧观念往往要强于前者。在这种环境下，便不难理解农村中小学德育陷入的窘境。

二、新时期德育观念的传统困境[①]

德育在我国现有中小学教育系统中居首位，德育承担的使命不仅包括道德教育，而且也包括思想教育、政治教育、世界观教育、人生观教育甚至心理教育和环境教育等广泛的内容。德育是使人成为人之应有品格的教育。然而，反观现阶段我国中小学德育工作实际情况，由于其内外矛盾，

① 张明悦：《传统中小学德育的困境与现代德育理念的建构》，《中小学教师培训》2016 年第 7 期，第 58~61 页。

存在着种种弊端和问题，例如，德育的知识化倾向模糊了德育的思想内容，导致德育的教育性被悬空；德育的过度政治化缩小或放大了道德教育的功能，导致德育层次性的模糊，其作用日渐式微。此外，现代社会科学主义的流行、工具理性对价值理性的挤压，以及重智育轻德育的社会普遍现象，使德育的"应当""应有"和实际教育中的形式化、虚化之间的矛盾日益突出。这些矛盾已成为制约德育发展与学生全面发展的瓶颈。

德育无疑具有政治教育的功能，在阶级社会具有强烈的意识形态性，意识形态教育也被各个国家高度重视。但德育还有其他诸多功能，如果以政治功能挤压并替代德育的个体生存与发展功能，泛化其政治功能，漠视人性的丰富性，企图把人塑造成只有政治需要的单面人，并对一些非政治意义和范围的日常生活进行政治化处理，而对日常的道德教育、心理教育、个人修养等不加重视，可能使学生对德育课程反感。我们目前的课程体系导向强化的是国家意志和社会期待，而对学生的成长需要关注不够，这对于心智还不完全成熟的中小学学生，尤其是处于逆反期的青少年而言，教学效果难以实现。

毫无疑问，德育的变革应更加注重把教材理论和原则还原为中小学生经验层次的问题，并确认这些问题与教育对象有价值相关性，能够满足学生成长需要。因为任何目标，如果它只是国家意志、社会的期望而尚未与学生自己的活动联系起来并成为学生心中的信念时，那目标只是外在的。外在的目标只有与个人意志结合才能成为学生心中的理想，德育课程才能真正实现在学生意义上的"入耳、入脑、入心"。

德育的泛政治化导致德育文化属性的缺失。传统德育的泛政治化和德育考核的应试化使得德育内容的文化内涵缺失，其基本特征是"整个德育活动维系在低水平、低效益、无激情、无创新的状态下简单重复和循环"①。德育工作者缺乏应有的创新热情和责任感，受教育者被动接受灌输，主客体之间缺乏思想碰撞和交流，德育活动就成为空洞的说教和机械的灌输，德育本性和德育活动效果处于分离状态。因此，"它只能是一种浮光掠影、蜻蜓点水式的浅层和表层的活动，是一种无内容扩张和无创意接受的形式主义的简单重复的被动过程"②。与此同时，由于"漠视德育

---

① 张澍军：《德育哲学引论》，北京：人民出版社，2002年，第169～170页。
② 张澍军：《德育哲学引论》，北京：人民出版社，2002年，第169～170页。

与文化的关系，漠视德育与社会生活的广泛联系，漠视德育与人的全面发展的关系，传统德育的单一功能与现代社会的丰富性和多样性之间必然发生冲突和矛盾"①，由于德育实际效果的低下，无法有效抵御西方个人主义价值观的传播，使西方多元化思潮蔓延开来。当前，德育面临思想理论领域各种社会思潮的挑战，如何面对现有德育与人之间的隔阂以及国家意志与个人欲望之间的张力，是改进道德教育必须解决的问题。

社会、家庭与学校在对学生的德育教育中认识不同步、协调不一致弱化了学校德育。近年来，不少地方党政部门和学校都意识到了学校德育综合治理的必要性，并积极采取措施，从社区、家庭与学校等方面齐抓共管，进行了大量的探索，在取得了丰富的经验、不错的成绩的同时，也发现了不少的问题。

人们对社会和家庭影响因素在学生思想品德形成中作用增强的趋势还没有充分估计，因而导致了社会、家庭教育与学校教育的不协调或配合不当。社会和家庭在学生思想品德形成中的重要作用被一直忽视，从而导致了现在社会、家庭教育与学校教育的不统一、不协调。事实上家庭教育是学校教育的基础和起点，我们必须引起足够的重视。而现实情况是我国的家庭教育问题较多，家长缺少这方面的相关教育知识，"教不得法"现象普遍存在，这对学校德育来说是一大障碍。② 目前，农村应试教育的理念根深蒂固，不少学校应试教育思想的特点是追求升学率，只教书不育人，思想道德教育失宠，造成这种情况的原因是多方面的，可以归纳为两个方面：一是全社会的学历情节根深蒂固，对学校教育质量主要用一个社会评价——升学率；二是学生思想道德教育是一个长期的过程，教育周期长，教育难度大，见效慢，因此，学校更倾向于抓相对容易、见效快的升学率，更乐意于对学生进行应试教育。

社会教育是学校教育的必要补充和重要支撑，其复杂性和多样性远远超出学生的想象。一方面，学校的德育工作是一方净土，学校教给学生的是一些美好的东西，传递的都是真善美，它总是向学生描绘社会中美好的一面，而极少涉及或根本不触及社会现实里的阴暗一面。然而，学生最终会面对社会。学生们最终一旦进入社会，他们会发现生活与学校教科书上

---

① 郭凤志：《德育文化论》，北京：中国社会科学出版社，2008 年，第 192 页。

② 张娟：《浅谈中小学德育现状及对策》，《教育教学论坛》2016 年第 32 期，第 264 页。

写的和课堂上讲的大不相同。他们所听到和看到的是纷繁复杂、光怪陆离的社会现象，这将不可避免地导致困惑和不解。学校德育内容与社会存在着严重的二律背反，导致学生形成两套道德原则，学生在校内行的是一套，在校外做的又是另一套。因此，家庭教育、社会教育和学校教育三者之间的不统一、不协调，必然会削弱学校德育的有效性。

三、德育内容的知识化困境

当前的中小学德育中广泛存在着一种德育知识化倾向。所谓知识化德育就是用道德知识的传授与习得代替真正意义上的德育。中小学校其内部的德育更多是一种"直接的道德教育"，即通过专门的"道德课"系统地向学生传授道德知识和道德理论。学校德育知识化主要表现在课程的道德存在形式是一种知识道德，把道德作为知识来看待或者说认为道德主要表现为知识。

知识具有客观性，知识教育无疑强调系统性、接受性，以"知"为目的，而德育则是追求"知、情、意、行"相统一的效果，"知"是基础，但是不能止于"知"，更要注重"情""意"的熏陶以及行为上的践履。德育的"知识"必须与学生的日常情感体验和意志的培养相统一来加以把握、体悟和建构。目前，由于中小学德育的知识化倾向已经使德育成了一种专业化的知识教育，传统德育主要体现为：内容是建立在抽象知识基础上的既定社会道德规范，学生学习道德就是学习书本知识、学习书上写明的道德，且课程无限扩展。纵观当前中小学德育教学理论，包括一些名校名师的教学案例，他们把德育知识化以及对德育知识进行碎片化和分解化，但这种碎片化的知识忽视了德育的思想性、价值性和人文性，使德育成为既不可信又不可爱的抽象教条。例如，高中对唯物主义和唯心主义的研究，基本上使学生教条地记住唯物主义的物质第一、意识第二和唯心主义的信条，而很少触及什么是第一性和第二性，以及唯物主义和唯心主义真正的思想本质和世界观意义。学生在德育课程中学到的不过是一些"与道德和行为无涉"的知识与枯燥的概念，其思想性被遮蔽、教育性被悬空，导致一些学生的逆反，这从根本上消解了中小学德育的功能。随着中小学德育知识化、理论化趋势的加强，在教育学生的过程中必然出现大量忽视学生个体个性与情感需求的"非人性化"的教育。

经过仔细分析，不难看出这种教育内容只是从社会需求的角度出发，因此往往脱离青少年生活的实际，缺少对社会现实的回应，缺乏解释力和生命力。这种脱离青少年实际的教育内容最终导致两个结果：一是部分青少年对思想道德教育非常抗拒；二是一些青少年成为理论的巨人和行动的矮子，他们的思想和行动是不一致的。因此，在接受了这些正确的思想道德教育并走向社会后，青少年很容易受到社会现实的影响，以至于出现了许多不可思议的现象。

与之相伴的是德育的课程化和教学的灌输化。德育的知识化也使德育的灌输成为一种基本手段，从而斩断了德育与生活的联系，导致德育学习中出现"知识上的巨人、行为上的矮人"的强烈反差。[①] 这种倾向使得日常生活中的德育显得异常乏味，缺乏生机活力，缺发人性温情。这是一种非常单一化的德育方式。我们承认向青少年灌输马克思主义科学世界观和方法论、社会主义和共产主义的理想，爱国主义、集体主义、为人民服务，以及社会公德、职业道德、家庭美德等底线教育内容，从教育的主导性和导向性来看，无疑是正确的、必要的。但长此以往，这种方式习得的道德也许能提供学生辨别是非的认知能力，却很难内化为固有的、稳定的道德行为与习惯。单向的道德知识灌输，以课程考试或操行评定为效率评估方式，未能以生活为基础、以文化为载体向受众正确表达和恰当传输社会规范和国家政治主张，不仅脱离了现实生活世界的真实，而且未能充分展示主流理论价值的真正合理性，只是强势地向个体灌输道德，并任性控制个人的道德选择，其目的的正确性和合法性必将不可避免地受到质疑。

四、德育方法的创新不足困境

思想道德教育的教育方法是教育主体在教育活动中，为实现既定的教育目的而对青少年所采取的手段和方法。在青少年思想道德教育过程中，方法的运用是至关重要的，因为没有任何力量能迫使每个健康清醒的人接受某些观念。所谓德育方法是指教师和学生在德育过程中为达到一定的德育目标而采取的活动和手段的结合，二者有一定的内在联系。[②] 德育方法是有效德育活动的基本保证。德育模式是在一定的道德素质教育理论指导

---

① 张明悦：《传统中小学德育的困境与现代德育理念的建构》，《中小学教师培训》2016 年第 7 期，第 59 页。

② 檀传宝：《德育原理》，北京：北京师范大学出版社，2006 年，第 230 页。

下建立的相对稳定的道德教育活动过程及其实施策略体系。"德育模式包括一种关于人在道德发展上的理论或观点，以及一套促进道德发展的策略和原则。因此，德育模式既有助于我们理解道德教育，也有利于我们实施道德教育。"[①] 由此可见，德育模式实际上是德育方式的组合，德育模式决定德育方式。

过去，我国中小学校道德教育的教学方式主要采用的是"德目主义"的教学模式。"德目主义"道德教育流派在 19 世纪后半期的西方盛行，"德目主义"模式倡导的德育教学方式以内容为本，强调德育的目的在于教授规范，着重灌输为主的德育方法。"德目主义"的教学模式仍然停留在传统的教授方式上，即教师在讲台上严肃地讲，学生在下面正襟危坐地听，所讲的内容可能就是二三十年前德育课上一成不变的翻版，或者说这些话题也许伴随着学生们成长而在他们的德育课堂上重复了很多年，根本就没有依据学生的不同年龄层次、不同的心理要求、不同的时代背景而填充不同的鲜活内容。由于每个人的心理品质、道德品质以至社会政治教养是一个整体，事实上以任何单个"德目"为纲领的教育都不可能使学生的德性从根本上发生变化，局部变化也属表面现象。[②] 因此，这种德育教学在促进学生道德认知方面可能发挥着积极的功效，但是，在如何提高学生积极的道德情感体验，如何树立坚定的道德意志，从而最终保证学生实践良好的道德行为方面存在着缺陷。"德目主义"模式过于注重道德知识的传授过程，因而其本身存在着很大的诟病。

20 世纪后，随着社会的发展，人们对道德教育的过程有了全新的认识，尤其是随着学校道德教育的开展，人们不再固守道德教育的过程只是道德知识的传授过程，而将其注意力转移到解决教育者和受教育者之间的关系问题上，即关注社会对学生道德发展的目标要求同学生道德发展实际之间的矛盾问题。

学校实施德育的过程实际上就是解决德育目标同学生的道德发展实际之间的矛盾的过程。德育过程理论是德育课程实践的重要科学依据，也是教育者选择德育方式的重要依据。德育过程中突出的矛盾关系主要表现为教育者与受教育者之间的矛盾关系，即教育者所提出的思想品德要求同受

---

① 黄向阳：《德育原理》，上海：华东师范大学出版社，2001 年，第 211 页。

② 陈桂生：《"德目主义"评议》，《当代教育学刊》2003 年第 8 期，第 5～8 页。

教育者是否接受的矛盾。解决这种矛盾的过程实际上就是德育的过程。德育过程也是一个实现从"内化"到"外化"的转化过程，即受教育者能有选择地理解、吸收教育者提出的德育要求，形成个体意识，并能把这种个体意识外化为行为习惯与个体品德，将个人品德行为产生的效果作用于社会，这就是一个知与行统一的过程。但是，现阶段我国中小学校德育课程开设效果并不理想，德育的教学方式单一，不能满足学生的道德需要，对于学生道德认知、道德情感、道德意志和道德行为的发展极为不利。①

随着经济全球化的到来和信息化水平的提高，尤其是近年来信息高速公路的建设，网络已经渗透到人们生活的各个方面，电脑和手机越来越受青少年的欢迎，极大地改变了他们的认知方式和学习、生活方式。但是，在德育教学中我们仍坚持单一的、被动的灌输式教学方法，思想道德教育工作者仍然习惯处于主导地位，通过理论宣传讲授和教学，将社会需要的主流意识形态、道德规范统一的灌输给青少年，通常采用的是我讲你听、我说你做的方式，不问对象，不分层次，不考虑个体的差异，而青少年处于被动地位，缺少关注，缺少交流与沟通，主体性难以发挥。

虽然在一段时间内我们已经完成了"德目主义"模式所倡导的道德知识的学习，但是随着时代的发展，改革开放以来，经济、社会的迅速发展和深刻变化，青少年的思想道德状况呈现出了许多新特点，市场经济的发展使得青少年的主体意识、平等意识、民主意识增强，而网络等传播媒介的应用与发展，使青少年接受社会思潮的方式趋于多元化、感性化、散点化。这些新情况、新问题要求创新原有的教育方法，以前我们在青少年的思想道德教育上经过长期的积淀而逐渐形成了一些相对稳定的切实可行、操作性强的教育方法，概括起来，主要就是说服教育法、情感陶冶法、实践锻炼法、自我教育法、榜样示范法、品德评价法等。② 这些方法与内隐的、暗含的、间接的渗透教育背道而驰，忽视了学生的主体参与和情感体验。在这种道德教育中，学生只有遵守道德规范的义务，并没有自由进行道德选择的权利。学校缺少的是一种隐性的教育艺术。环境熏陶、非言语暗示与情感交流更容易引导和激发学生心灵深处的共鸣与主动感知，使学

① 王录平：《试论网络文化境遇下中小学德育方式的变革》，《教育导刊》2013年第2期，第33页。
② 任仕君：《教育学基础》，北京：北京师范大学出版社，2013年，第193页。

生逐渐改善自己的言行。隐性德育的方法重在"体"和"悟"，个体无意识地获得激烈的或平缓的正向情感体验，而后同化、顺应、沉淀、积累，由量变到质变，最终内化为受教育者的内在道德意志和外在道德行为。德育方法的"外铄化"忽略了内化过程，与隐性德育的方法相违背。[①]

五、德育实践的操作困境

道德教育的发展需要"活动化"。传统教育主要是一种"主静"的教育，为此，杜威针对传统教育学派提出"做中学""活动课程"，强调在活动中学习，重视学生在活动过程中的体验学习，改变了传统的被动教育模式。将活动融入课堂和校园，孩子们在教学活动中，不是追求生动的形式，而是通过孩子们自身的活动，丰富教学内容和教学形式，使他们能够在快乐、兴趣、活动、实践的过程中学到东西。活动贯穿于教学过程，而不是与教学内容相分离，在一个优化的环境下，知识体系、活动的可操作性和审美愉悦被整合在一起。强调特定的氛围，唤起孩子们温暖的情感，在优化的文化情境中主动行动，从而整合动机、感受、主动探究、情感感知体验、比较与认同、是非判断、模拟操作、语言表达、主动思考等一系列活动，融入学科课程教学。这不仅能有效克服纯学科教学过程中"重知识轻能力"的弊端；在一定程度上，它还可以弥补单纯活动课程可能造成的"知识无系统"的缺陷。活动融入学科课程，为学科教学注入了新的活力，也为教学活动提供了广阔的空间。杜威认为教育最根本的基础在于孩子的活动能力，让孩子认识到他的社会遗产的唯一方法就是实践。"好动"是孩子的天性，好动、好奇到创造，可谓是发展的三部曲。因此，中小学德育必须大力开展各种各样丰富多彩的活动，将德育融入活动之中，让学生在潜移默化中培养起良好的道德品行。[②]

德育活动通过具有德育性质的活动，有目的地影响受教育者，从而实现受教育者德性的养成。多样的德育活动中不仅有显性的道德知识，而且蕴含了隐性的情感冲突和内在道德情感的生成。多姿多彩的校园活动是隐性德育的重要载体之一。隐性德育注重活动影响的持续性和有效性，而非

---

① 王洪杰：《我国中小学隐性德育缺失的成因与对策分析》，《中国教育学刊》2016 年第 9 期，第 93 页。

② 石军：《现代中小学学校德育的困境及其超越》，《教育科学论坛》2015 年第 22 期，第 7~8页。

形式化。然而，在当今一些中小学开展德育活动的过程中，过分注重形式的多样化和仪式的隆重性，忽视了德育活动的内在价值。这些活动一时充满热情，活动结束后，孩子们没有从活动中获得任何感悟和体会。德育活动是实施德育的有效手段，旨在通过活动向学生渗透道德知识，通过活动中的感官体验获得道德情感，从而促进道德意志的生成和道德行为的出现。隐性德育的深远教育意义蕴藏于活动的互动交往、思维发散之中，每个学生对同一活动情境进行个性化的处理。德育活动流于形式和程序，必然会削弱德育活动的功能作用。①

唯物史观始终主张从一定历史时期的物质生活条件来解释理论观念的发展和变化，即是说"一切理论观点，只有理解了每一个与之相应的时代的物质生活条件，并且从这些物质条件中被引申出来的时候，才能理解"②。因此，当代社会生活的巨大变迁决定了德育由传统走向现代、由政治型向文化型发展，归根结底，它是有着深刻的社会现实基础的。③ 德育文化理念也只有从当代社会的物质生活条件中获得合法性依据。

在改革开放以来新的历史时期，我国社会呈现出一幅全新的现代社会景象。在经济领域中，适应现代市场经济的社会经济秩序和社会运行规则形成，公民的社会经济生活不断丰富；与此相一致，文化多样性和文化价值观的多元化也成为不争的事实。随着大众文化的不断发展，德育存在和运行的文化环境呈现出多层次、多形态并存的格局。在社会领域里，个体的独立性与自主性不断形成和加强，人与人之间以及人与社会组织之间的社会关系发生了根本性的变化，外部组织对公民个人的约束力和压力不断减弱。这将不可避免地导致政治领域中政治影响力和统治地位的削弱，以及传统德育声望和作用的降低。正如美国的麦金太尔（MacIntyre）所说，"在这样一种环境里，规则失去了任何能确保它们权威性的地位，假如它们不能迅速取得某种新的地位，对它们的解释和辩护就都成了问题。如果一种文化的资源太贫弱以致不能把重新解释的任务承载下去，那么，为其

---

① 王洪杰：《我国中小学隐性德育缺失的成因与对策分析》，《中国教育学刊》2016年第9期，第93页。

② 中共中央马克思恩格斯列宁斯大林著作编译局：《马克思恩格斯选集》（第2卷），北京：人民出版社，1995年，第38页。

③ 张明悦：《传统中小学德育的困境与现代德育理念的建构》，《中小学教师培训》2016年第7期，第59～60页。

辩护就是不可能的了"①。

在现代社会，传统德育存在和发挥作用的社会现实基础已经发生了巨大的变化。为了恢复德育的历史合法性，它应在新的社会背景下进行改革和创新。从社会结构归属的角度审视德育的文化本质，要求我们客观地认识德育、理解德育，用新的理念改革德育。党的十八大深刻认识到"经济体制深刻变革，社会结构深刻变动，利益格局深刻调整，思想观念深刻变化"，明确提出以"三个倡导"为基本内容的社会主义核心价值观。党的十八大以来，中央高度重视培育和践行社会主义核心价值观，习近平总书记多次发表重要讲话，强调要把培育和践行社会主义核心价值观融入国民教育和精神文明建设全过程。这就为现代德育的发展提供了一个极佳的时代契机。

社会主义核心价值观不仅对德育的灵魂、主题、精髓和基础进行了高度凝练，与德育的内容任务具有高度的统一性，而且凸显了"爱国、敬业、诚信、友善"等德育的主要内容，增添了"富强、民主、文明、和谐""自由、平等、公正、法治"等文化层面的价值观导引，把公民个人的道德培育提升到国家和社会的新高度。把培育和践行社会主义核心价值观融入国民教育和精神文明建设全过程不仅是创新德育的内在要求，也为现代德育文化的发展提供了一个重要的时代契机。因而，当前德育理念的创新，必须秉持"一元主导，多样共生"的文化生态原则，坚持以"人格培养、行为引领、内心提升"为模式，从国家、社会和公民三个层面实现立德树人的根本目标，即构建德育文化的新理念。

---

① ［美］麦金太尔著，龚群、戴扬毅等译：《德性之后》，北京：中国社会科学出版社，1995年，第141页。

第二章　中小学德育的主要内容

德育是社会不断进步的重要基石，是促进人的全面发展的主要动力，是培养学生高尚品德的关键手段。德育是培养学生品德、积极品质的活动，是现代中小学课程中非常重要的一门必修课和实践课，不仅是对学生个体的培养，更事关整个国家的发展和未来。2017年8月，教育部发布的《中小学德育工作指南》（教基〔2017〕8号），提出了各个学段的德育目标。

小学低年级德育目标：教育和引导学生热爱中国共产党、热爱祖国、热爱人民，爱亲敬长、爱集体、爱家乡，初步了解生活中的自然、社会常识和有关祖国的知识，保护环境，爱惜资源，养成基本的文明行为习惯，形成自信向上、诚实勇敢、有责任心等良好品质。

小学中高年级德育目标：教育和引导学生热爱中国共产党、热爱祖国、热爱人民，了解家乡发展变化和国家历史常识，了解中华优秀传统文化和党的光荣革命传统，理解日常生活的道德规范和文明礼貌，初步形成规则意识和民主法治观念，养成良好生活和行为习惯，具备保护生态环境的意识，形成诚实守信、友爱宽容、自尊自律、乐观向上等良好品质。

初中学段德育目标：教育和引导学生热爱中国共产党、热爱祖国、热爱人民，认同中华文化，继承革命传统，弘扬民族精神，理解基本的社会规范和道德规范，树立规则意识、法治观念，培养公民意识，掌握促进身心健康发展的途径和方法，养成热爱劳动、自主自立、意志坚强的生活态度，形成尊重他人、乐于助人、善于合作、勇于创新等良好品质。

高中学段德育目标：教育和引导学生热爱中国共产党、热爱祖国、热爱人民，拥护中国特色社会主义道路，弘扬民族精神，增强民族自尊心、自信心和自豪感，增强公民意识、社会责任感和民主法治观念，学习运用马克思主义基本观点和方法观察问题、分析问题和解决问题，学会正确选择人生发展道路，具备自主、自立、自强的态度和能力，初步形成正确的世界观、人生观和价值观。

立足于我国当前中小学德育的目标，我们根据实地调研的四川中小学的实际情况，将从心理、行为、认知三个层面，行为习惯教育、心理健康教育、"三观"教育三大模块探究出符合当前国内实情又与国际相接轨的中小学德育的主要内容。我们的德育内容是广义层面的德育，不仅涵盖道德观的"三观"教育，而且将心理健康教育、行为习惯教育纳入其中，通过自身、家庭、学校、社会等多种方式引导学生树立正确的行为习惯，形成健康的、积极的心理特质。我们将从全面、多元的角度来谈道德教育，其中会补充一些常规德育中不常被提及的内容，如对宇宙的理解、对生命的认知、对自我的接纳等。

第一节　行为习惯教育

良好的习惯是人在其神经系统中存放的道德资本，这个资本不断增值，而人在整个一生中就享受着它的利息。[1] 习惯对于道德养成至关重要，它不仅影响着一个人能否成为一个社会化的和谐的人，而且关系到一个人一生的发展。在我们的道德教育过程中要抓住学生道德养成的关键期，帮助学生养成良好的行为习惯，使学生在书本中和课堂上所学习的道德知识能够在社会生活的实践中达到最大化。

小学阶段学生具有很强的可塑性，是良好行为习惯养成的关键期。若错过这一关键时期，其后进行的道德理论的学习都会事倍功半，鲜有成效。《汉书·贾谊传》中提出："少成若天性，习惯如自然。"意思是说，儿童时期养成的习惯就像人的天性一样牢固，很难改变。在此，我们基于当前小学生的年龄、生理、心理特点，从小学生的生活实际出发，提出小学生行为习惯教育应从以下几个方面入手。

---

[1]　［俄］康·德·乌申斯基著，郑文樾、张敏鳌、张佩珍译：《人是教育的对象：教育人类学初探》（上卷），北京：人民教育出版社，2007年，第182～183页。

一、生活习惯教育

（一）作息规律

小学生正在经历身体的生长发育时期，良好的作息——保证生长需要的至少 8 小时睡眠，不仅能够确保小学生白天保持充沛的精力，而且夜间得到很好的休息，也能促进身体发育。我们很多家长对良好作息的理解是早睡早起，而现在的学生并不能很好地做到如父母要求般的早睡早起，所以很多孩子是在父母的督促中早睡，又在父母的督促中早起。有时候搞得学生对父母的早起督促很反感，起床也成了每天生活遇到的第一件难事，对学生情绪和状态产生了较大影响。

生物学家认为，人类的生物钟模式存在一个序列，两端分别为"晨型人"和"夜型人"。"晨型人"又分主动型和被动型，早起是要求学生作一个"晨型人"，但如果一个小学生是被父母督促而早起的则是被动"晨型人"。相较而言，主动"晨型人"早起会神清气爽、兴致盎然、精力充沛，被动"晨型人"则会感觉疲倦不堪、浑浑噩噩、无精打采，很难以饱满的状态投入新的一天的学习。同时每个人对睡眠时间的需求也不同，有人 8 小时睡眠就可以让自己得到很好的休息且第二天精神状态很好，有的人睡眠时间可能要 10 小时才能得到很好的休息。

我们这里所讲的作息规律并不等同于早睡早起，而是在保证学生生长发育所需要的睡眠时间的基础上让学生根据自己的生物钟序列作息，尽可能引导学生关注自己身体成长，从而第二天拥有旺盛的精力。

（二）合理膳食

随着物质生活的丰富，人们可以享用各种美味食物，口舌之欲得到极大的满足。与此同时，对快餐文化的喜爱和挑食的习惯，使部分学生只关心这个食物好不好吃和自己喜不喜爱，随之而来的问题就是中小学的肥胖率一直呈上升趋势，学生的身体素质却不断下降。

我们要引导学生吃得健康、吃得全面，每天尽可能全面地摄入身体需要的营养物质，对食物要勇于尝试、乐于尝试，在品尝味道的同时也要注重营养。不要在未尝试之前就对某种或者某类食物进行根本上的否定。在教育的过程中，教育者应以生动、活泼的方式对各种食材进行细致的讲解，让小学生能够明白每一种食材，特别是蔬菜、水果、各种肉类对身体的好处，我们身体生长发育所需的营养都有哪些，以及怎样通过饮食保证身体的营养需求。对于快餐食物如汉堡、薯条、比萨等有所节制，它们虽然好吃，但吃多会造成营养过剩和肥胖问题。在教育学生认识食材好处的同时，教育者也要让他们知道快餐、油炸、高热量、高脂肪食物带来的问题和危害，从而帮助学生形成健康饮食的习惯。

（三）勤于运动

当前小学生的身体素质下降和肥胖问题，一方面是由于学生的饮食习惯，另一方面就是由于学生缺乏运动。我国小学生的身体素质，不管是爆发力、力量还是耐力等体质指标都有所下降。小学生的身体素质代表着国家的未来和希望，要着手于从小学阶段开始提高学生的身体素质，教育绝不能流于形式，学校的课间操、体育课都要重视，学校领导要重视、体育老师要重视、其他科目老师也要重视，不能老是借用体育课来替上其他科目的课，再者学生自身也要重视。

学校领导和体育老师在对待体育教育时，应多从利于学生身体素质和学生喜欢这两个方面出发。以往学生不重视体育课的一个重要原因就是学生对体育课的项目没有兴趣，比如女同学学篮球、足球，男同学跳绳等，学生便不愿意在课上以积极、主动的态度参与体育课程的学习。性别不同、性格不同，学生喜欢的体育项目则会不同，我们不能完全以统一的项目来教授所有的学生，应尽量多元，给学生一定的选择权，让学生在一定的限定内做出自己自由的选择。

养成勤于运动的好习惯并不单单只靠学校体育课就能够实现，学生对运动持怎样的态度也决定了学生在平日生活里是否能够真正做到勤于运动、乐于运动，生活中多运动才是提高学生身体素质的关键。教育工作中我们应把学校体育课堂与课外生活运动有机地结合一体，让学生真正爱上运动。

（四）善用时间

小学阶段学生可以享受无忧无虑的童年时光，没有中学生那么大的学习压力和青春悸动的各种茫然无措，也没有成人后的生活琐事和社会责任。很多小孩子沉迷于动画片，导致他们做事情慢吞吞、很拖拉，效率不高，或者是一边做事情一边玩耍，不能够专心致志，时间观念不强。但随着年级的增加，学生的课业负担会逐步加重，如果时间观念不强，学生要花比别人更多的时间以更低的效率完成既定的作业，这不仅仅会影响学习效果，处理作业所花费的多余时间甚至会影响睡眠时间。

上述情况看似是孩子贪玩的天性，实则是小孩子不善于管理时间。心理学家埃里克森（Erikson）认为在幼儿阶段，如果孩子得到自我管理的机会和支持，他们就会发展出自主性、独立行为能力和意志力——自由选择和自我控制行为的能力。在小学开始阶段就要教育小学生认识钟表，形成对时间和时间管理的概念，不管是课堂上学习任务的执行，还是课后作业的完成和上交都应按照相应的时间规定。其实，学生都会有一定的意愿和能力想要去自由支配自己的时间，但当面对父母不停的催促、有难度系数的作业、自己喜欢的兴趣爱好时，有些学生就没有自己的定力去按照自己之前计划完成该完成的事情。如果父母、老师对学生频繁催促的话，反而会让学生完全按照父母的节奏去做事情而失去自己对时间的自主支配权。

除了进行时间和时间管理的教育外，还可以采用时间机制，比如：限时法、分解法等方法让学生在既定的时间完成既定的任务，增加学生对时间的把控力和管理能力。西塞罗（Cicero）曾说"习惯造就第二天性"，学生生活习惯的养成也非一朝一夕之事，需要滴水穿石般的坚持，才会造就学生良好的意识力和控制力。

二、文明习惯教育

文明礼仪不仅是良好习惯的积累，也是一个人基本素质的体现。它是人们在长期共同的生活和交往活动中形成、社会普遍认可的规则，为维系社会正常生活要求人们共同遵守的基本的行为规范，比如不随地吐痰、不乱扔垃圾、公共场合不大声喧哗、注意文明用语、尊敬师长、遵守交通规则、遵守社会秩序等。每一个国家或社会的整体素质都是通过每个个体来体现的，我们每个人不仅代表个人，也代表我们所处的社会，表现着某一个地方的素质水平。我们倡导小学生阶段进行文明习惯的教育，一方面是培养符合社会需求的、具有国际视野的合格的公民；另一方面全体新一代国民文明水平的提高必然会推动我国整体的素质水平上升一个台阶。

经过多年的努力，中国经济得到快速发展，人民的物质生活水平也获得极大的提高，但中国目前还属于发展中国家。虽然我们已经是世界第二大经济体，但是人们的素质并不能与之相匹配，所以在物质的极速发展同时，我们也应加强精神层面的发展。

我们周围有人经常随地吐痰且不以为意，仿佛这成了一种社会合理存在的规则而得到了一些人的认可一般，吐的人毫无羞耻之感，常常让旁边的人觉得无可奈何。这些成人细微的行为对小学生影响较大，小学生会以成人理所当然的行为作为标杆，对不文明行为的羞耻感逐步降低，乃至认同。对此我们从小学阶段开展贴近生活、贴近实际、贴近学生的文明习惯教育至关重要。具体过程中要务必坚持"一个中心，两个基本点"，"一个中心"为知行统一，"两个基本点"分别是坚持做好自身和坚持自我成长。

首先，文明习惯教育坚持知行统一。在文明教育过程中难点不在于文明习惯知识、道理的传授，而是学生的知行统一。学生知行不统一，要么是找不到"行"的背后理由，要么就是对文明习惯持不正确的认知。学生做到知行统一的基础是对文明习惯意义的了解，也就是他为什么需要这么做？这么做又会给自身带来什么样的好处？如果一个文明习惯对他来说看不到自我的益处，他便不想按照文明习惯规则行事。我们坚持知行统一就要求我们不仅要教育学生"礼"，以及为什么"礼"，"礼"不是空洞存在于社会之中，它于社会的发展和自我的成长都具有重要意义。

其次，文明习惯教育内容的基本理念是引导学生坚持做好自身，不给别人添麻烦。很多不文明行为是因为我们只将注意力放在自己身上，没有看到自己的行为是否会给他人带来影响和不愉快。就如公共场合的大声喧哗，虽然自己的声音足以让他人清楚听到，但高分贝却影响到别人的表达和交流，给别人带来了不小的麻烦。我们在乘火车或者乘地铁时也会经历类似的情形，当乘坐扶梯时，如果大家以"不为别人添麻烦"为基本准则，自觉站到扶梯的右侧，主动将扶梯的左侧空间让出，那么就会给着急赶路的人提供方便，既没有影响自己赶路还为他人提供方便，何乐而不为呢？这种理念要践行需要时间予以塑造，从小学阶段我们就要将这颗理念的种子播下，用时间浇灌这颗种子，小学生最后会收获一个良好的文明习惯。

再次，文明习惯教育的基本原则是坚持自我成长，不依赖于外在的奖惩机制。年轻一代人的成长过程集中了父母双方乃至全家两至三代人的关注和爱，拥有了更多的自由，父母和家庭却经常因为关爱而忽略文明习惯的教育，或者是通过奖惩机制来养成学生的文明习惯。在文明礼仪中学生们经常出现的问题就是知行不统一，学生知道文明礼仪但是在实际生活中却难以践行，原因之一就在于早期父母和学校是通过奖惩方式来培养学生的文明习惯，此时学生可以做到知行统一以获得奖励和关注，但当外力被撤销时，没有外在的刺激物后学生就比较难将知行统一维持下去。所以我们在文明教育过程中要坚持学生的自我成长，我们可以给予学生更多的空间实现自我成长、自我反思、自我调整、自我发展。教育者从最开始以学生文明习惯的内化取代以往的外力奖惩机制，让学生了解每一个文明习惯对自我成长的意义，理清学生对文明习惯的认识，把文明习惯内化为自我意识，从而把文明习惯的实践视为理所当然的事。

文明习惯教育的基本理念和基本原则是我们在整个文明习惯教育过程中必须要把握住的两个基本点，只有坚持这两个基本点才能够帮助我们学生养成当今社会需要、符合多元文化需求的文明习惯。同时我们进行的文明习惯教育需要处理好三种关系：其一，个人与其自身的关系。这一层关系核心表现为保持自知力，能够根据情况和环境适时调整自己的行为，时时保持自知力，明白自己行为的意义，以及自己应该有什么行为。其二，个人与他人的关系。其核心表现为具有同理心，能够宽容、理解他人，站在他人角度想事情，减少人与人的紧张关系，实现人与人之间的友好相处。其三，个人与环境的关系。核心表现为持有和谐观，人处于环境之中，相互作用，相互影响，和谐观有利于人和环境形成共生互进的关系，实现人类的繁荣发展和环境的自然稳定。

孔子言："不学礼，无以立。"我们的学生只有在小学阶段就开始接受循序渐进的文明习惯教育，才能适应社会的需要并推动社会整体道德水平的提高。教师根据学生的年龄增长而变化、更新文明习惯教育的内容，并始终坚持"一个中心，两个基本点"以确定学生文明习惯的最终养成。

三、学习习惯教育

学生的学习习惯教育是习惯教育的重要组成部分，反映出一个学生的道德表现。学习习惯和生活习惯相互影响，但是学习习惯教育有其不同于生活习惯、文明习惯的特殊性——个体性。学生生活习惯、文明习惯的基础是个体具有一定的行为能力，且个体在实际生活中体现出来的相互之间存在的差异较小。学习习惯教育的基本原则是学生具备一定心智水平和思维能力，但学生心智水平、思维能力、注意力情况的原初状态和发展状态表现出巨大差异，因此我们不能要求学生养成相对趋同的学习习惯，而是针对每个学生的具体情况展开个性的学习习惯教育。

学生的智商、优势智能、注意力状态和持久度之间的差别表现为学生在学习上接受知识速度有快有慢、对知识理解程度的不同、兴趣和其所擅长的领域各有专长。根据霍华德·加德纳（Howard Gardner）的多元智能理论：作为个体，我们每个人都同时拥有 9 种不同的相对独立的智能，这 9 种智能以不同的方式、不同序列、不同程度有机地组合起来作用于每个人，使每个人的智能呈现出不同的特点。9 种智能分别是言语－语言智能、音乐－节奏智能、逻辑－数理智能、视觉－空间智能、身体－动觉智能、人际关系智能、自省智能、自然观察智能、存在思考智能，虽然这 9 种智能我们同时都拥有，但不代表我们对所有智能都擅长，我们通常只擅长其中的一种或者几种智能。了解学生的智能优势有利于我们根据学生的个性培养适合每个学生的学习习惯。

学生学习习惯教育的特殊性首先要求我们不能以统一的标准来评价学生。生活习惯教育和文明习惯教育方面，我们遵循社会普遍认可的、为大部分社会成员所接受的一套准则，按照青少年成长规律和身心发展水平对青少年进行教育即可。但每个青少年在学习方面所喜欢的专业知识领域、自身的注意力情况、个人的性格上都存在很大不同，我们不能用一个固定的统一标准来要求所有的青少年。如有的孩子注意力可以持续 20 分钟，而有的孩子注意力只能持续 5 分钟，如果一定要按照注意力集中 20 分钟的标准来要求学生照此养成良好的学习习惯，这对注意力只能持续 5 分钟的孩子来说是巨大的挑战，甚至是不可能实现的。

如果我们不注意学习习惯养成的特殊性，就容易陷入依据行为、表现来评价学生的误区，并以此来否定学生的行为乃至特性，或者觉得学生自身或家庭教育出现了问题，导致错误地对学生的行为进行纠正，希望以此达到所谓的"统一标准"，但结果是教育者进行的"统一标准"的纠正并不能达到自己的预期效果。长此以往，一方面会让学生觉得非常沮丧和丧失信心；另一方面教育者也会失望，并有较大的无力感。不注意学习习惯养成的特殊性将会让我们遭受更大的损失，我们可能会为了培养一个合格的职业者而失去一些优秀的运动员、音乐家、舞蹈家；反之，我们将会培养出更多其他的杰出人才。

通常，在学校的课堂上具有数理逻辑智能和语言智能优势的人比具有音乐－节奏智能、视觉－空间智能、身体－动觉智能优势的人能维持更长时间的注意力。著名的英国舞蹈家吉莉安·莱尼（Gillian Lynne）在年少时曾有过一段痛苦的时光，她无法长时间集中注意力且经常坐立不安，学校和她本人都非常苦恼，于是她母亲向医生求助。医生接下来做的事情完全不是她母亲所预料的，医生打开收音机将吉莉安独自留在房间内并让她母亲暗中观察。吉莉安随着音乐翩翩起舞并沉醉其中，看到此情景的医生意识到吉莉安真正的人生方向应是作为一名舞者，由此开启了吉莉安的舞蹈生涯。类似的事例还有很多，比如大家都很熟悉的美国著名的游泳运动员飞鱼——迈克尔·菲尔普斯（Michael Phelps），小时候的学习成绩不好，且他和吉莉安一样都不能很好地集中注意力，但他却从小就表现出运动的禀赋，擅长多种运动，并最终成为泳坛上一个传奇式的人物。

当一个学生在学习习惯上表现出不同寻常的状态时，作为教育者的我们不要先急于否定和纠正孩子的行为，可尝试用多种方式测评以确定孩子的智能优势情况和学习的个性基础，然后根据其智能优势和个性基础培养孩子独特的学习习惯，让其能按照个性和智能优势更好地成长、学习。我们要相信这些表现出非一般状态的孩子都能在自己的优势领域学有所长。

教育者要保持一个核心原则，就是不要扼杀有多重可能的生命成长，每一个生命都有其生长的可能性，每一种可能性都应该是同样美好和值得予以关注和尊重的。尊重每一个生命成长的多种可能性这对教育者来说是一种心态、教育方法和原则的多重转变，也是一种挑战。这就要求教育者从"对人的关怀"角度出发，多关注生命、多关注个体，以孩子的个性为基础实现孩子学习习惯的培养。

再者，培养学生勇于试错的勇气和长足的意志力。学生学习个性的基础虽有不同，但是有一个共同点——勇于试错的勇气和长足的意志力是任何一个学生都需要的，也应该是所有学生的学习习惯培养的一个非常重要的内容。教育过程中我们鼓励孩子去展现自我，去发展个性，去竞争，去拼搏，学生很希望能够有更多的表现机会，也希望获得更多长辈的肯定和认可，但同时学生却害怕犯错，乃至有时候教育者也会如此。学生会担心在某次考试中没有考好，课堂上如果问题回答错误或者答不出时，会觉得是犯了很大的错误一样羞愧和难堪，但其实如果学生不去试错的话又哪里来的对知识更好的掌握和自身更好的成长呢？

不管学生的个性基础是怎样的，都必须拥有长足的意志力才能让其所具备的智能优势发挥最大效用，也才能实现学生的发展。虽然吉莉安和菲尔普斯具备音乐－空间智能和身体－动觉智能优势，但最终能够在舞蹈领域和游泳领域获得极大成功并不是仅仅依赖于他们的先天优势，而是在这个优势基础上他们的长足意志力，他们都把自己全部的精力投入他们所擅长的领域，十几年如一日的坚持，从不轻言苦累与放弃。如果没有长足的意志力，纵然有先天优势，优势也并不能凸显出来。

学习习惯的养成事关每一个孩子未来的发展。我们经常在大学教育中提及职业规划，但从小的学习习惯就已经为一个人的职业发展奠定了基础——走怎样的路及怎样走这条路。我们必须珍视每一个生命的成长可能性，这种可能性虽然不是唯一的，但同样非常美好。

四、反思习惯教育

《论语》载："吾日三省吾身：为人谋而不忠乎？与朋友交而不信乎？传不习乎？"古人每天都要反省自己，现今我们每个人每天都应该反省自己，并养成一个反思的习惯。人的习惯的培养并非一朝一夕，而是逐步养成，循序提升、完善，最终达到一个人所能达到的最高的道德水平。生活习惯教育、文明习惯教育、学习习惯教育实现从应然的水平到实现的状态就需要反思习惯教育，促进每一步的发展和进阶。养成反思的习惯可以帮助我们的学生对自己已经形成的习惯进行思考，从客观的角度反观自己的习惯是否适宜、习惯需不需要做出改变，这有利于学生形成良好的道德认知能力。

苏格拉底（Socrates）通过产婆术的方式得出对道德的解释——知道道德便能做到道德，不知道道德便不能做到道德。由此我们可以知道一个人的道德认知不仅是一个人践行道德的前提，而且直接影响一个人的道德行为。道德不能直接用欺骗与否来决定，道德认识才是道德的关键及践行道德的前提和基础。反思习惯教育就是形成道德最关键的一步，是对道德重现和道德再认识的过程，通过道德再认识学生可以及时调整自己的行为习惯，从而形成良好的行为习惯。

我们在日常生活中经常会遇到这样的状况：当我们看到有人有不文明、不道德行为上前劝说或制止时，对方却认为他的行为是正常的，没有任何不道德。我也曾经历过在火车站自动取票机取票时，突然一个年轻男子一个箭步冲到我前面，我上前劝说他排队并表示他的行为不文明，他却无视我的劝说和我的存在。显然对这位年轻男子来说不觉得插队有什么不妥，他自身并无道德认识能力，在他成长过程中道德反思习惯也没有养成。这样的情况并不是个例，每个人可能也都有遇到过类似的情形，有很多具有道德意识的人会上前劝阻，但是如果当事人没有内在的反思习惯，并不会将别人的劝阻转化为自己以后的道德行为，也意味着其他人的监督只有在行为人具有道德反思能力时才起作用。

反思习惯在提升一个人道德认识能力的同时，也推动着一个社会整体道德水平的提高，反思习惯有利于人们把外在的道德准则和他人的道德规劝转化为自身的道德认同，进而作用于其道德行为。正如著名格言所说："播种行为，可以收获习惯；播种习惯，可以收获性格；播种性格，可以收获命运。"当前的道德教育要落到实处，应从培养学生良好的行为习惯开始，并由良好的行为习惯内化为学生内在的道德认知，从而通过道德行为来践行其内在的道德认知。

第二节　心理健康教育

中小学的心理健康教育不仅是引导中小学生形成稳定的心理状态、提高其心理素质和促进其身心和谐健康发展的教育，也是进一步改进和加强当前德育工作、全面展开素质教育的重要组成部分。中小学的心理健康教育既塑造着学生的人格，又对学生后续的发展有着持续的影响。中小学生处于身心发展的关键和黄金时期，其心理和人格随着生理发展、社会环境变化、社会阅历的拓展而发生着变化，有时也会带给中小学生很多心理上的冲击，特别是面对来自学习、生活、自我意识、人际交往、环境适应等方面产生的问题与挫折时，中小学生往往会产生一些心理上的波动或者困扰。这些问题与挫折的出现是中小学生心理健康状态产生分水岭的重要预兆，问题与挫折发生前的心理预防、问题与挫折发生时的心理干预及事后的心理重建都显得尤为重要。心理健康教育应贯穿以上三个阶段，从而引导学生形成一种自我发展能力，激发自身积极的潜质，使其在遇到非常规状态时能以积极、向上的心理状态来应对。但如果心理健康教育缺失或者开展不到位，学生便不易掌握应对变化的方式、方法，很难形成积极的心理特质，使其不能从发生的变化中平稳过渡，不具备复原力，这会给中小学生的成长、成才发展之路埋下隐患。因此，在中小学积极开展心理健康教育，选择与时俱进的心理健康教育内容，以先进、双向参与的方式进行心理健康教育，是中小学生生理成长、心理发展的需要，也是时代发展新形势下道德教育改革的必然要求。

20世纪70年代，面对社会经济发展、科学技术变革向教育提出的挑战，联合国教科文组织提出"学会生存"，明确提出：在科学技术日新月异的时代，教育的崇高使命就是要培养"完人"，一个身心完全、和谐的人，一个没有被外在因素分裂的人。1990年，联合国教科文组织在北京召开的"面向21世纪教育"国际研讨会上提出了"学会关心：21世纪的教育"这一新的教育构想，从"学会生存"到"学会关心"教育思想的转变无一不体现着教育的发展趋势。此趋势在心理学上反映为每个人的成长发展是一种从自我内围出发向自我外围扩展的发展方向，因此本书将从"学会生存"到"学会关心"这一发展趋势出发，结合我国《中小学心理健康教育指导纲要（2012年修订）》，进一步落实《中共中央国务院关于进一步加强和改进未成年人思想道德建设的若干意见》和《国家中长期教育改革和发展规划纲要（2010—2020年）》要求，提出建构四维"学会"的心理健康教育内容体系——"学会生存""学会共处""学会探索""学会选择"，如表2-1所示。

表2-1　四维"学会"心理健康教育内容体系

年级	发展方向	对应德育四要素	具体内容
小学1~3年级	学会生存	知	自我认知
			沟通技能发展
			责任教育
小学4~6年级	学会共处	情	情绪管理
			生命教育
			性健康教育
中学低年级	学会探索	意	心流体验探究
			坚毅性培养
			积极人格培养

年级	发展方向	对应德育四要素	具体内容
中学高年级	学会选择	行	心理弹性建设
			成长性心态养成
			自我价值观培养

一、学会生存

小学低年级阶段的心理健康教育内容主要为"学会生存"，这一阶段是德育四要素"知、情、意、行"中第一个要素"知"的重点发展阶段，其关键就是如何奠定一个孩子在社会、世界中生存的基础，并为其后面的发展做好充分的准备。这一阶段，我们的心理健康教育内容分为五个方面：自我认知、沟通技能发展、环境适应能力、人际交往能力和责任教育。

（一）自我认知

一般地说，自我概念（self-concept）是关于自己的身体、特长、能力、外表、价值和社会接受性等方面的态度、情感和知识的自我知觉。[1]苏联心理学家科恩（Cohen）认为"与概念的自我相对应的是自我认识和自我评价"[2]，这也正与我们所说的第一个内容"自我认知"是相一致的。所谓自我认知，一方面包含着主体对其自身的生理、心理、能力、价值的认识，即为自我认识；另一方面是主体对自己认识后的判断、评价和省察，即为自我知省。

在学校教育的第一阶段——小学低年级阶段就应进行自我认知的教育。教育学生首先要对自我有清楚的认识，认识程度由浅入深，逐步递进。

第一步认识：认识自己的性别角色定位，明确自己的性别属性（生理属性和基因属性），常规情况为男生与女生。但性别归属存在一些特殊情况，即当性别属性与基因属性不相符合时，教育工作者以正确的引导和教

---

① 魏运华：《自尊的心理发展与教育》，北京：北京师范大学出版社，2004年，第22页。
② ［苏］科恩著，佟景韩、范国恩、许宏治译：《自我论》，北京：生活·读书·新知三联书店，1986年，第44页。

育对孩子进行性别归属，使其清楚地了解自身的身份定位，引导学生明确自身的社会角色定位：在家庭环境中为家庭成员的一份子且为小辈；在校园环境中为学生且是接受教育的受教育者，是在教育环节中具有主动性、积极性的生命个体；在社会环境中为社会成员中的一员，对社会负有一定的责任并承担一定的义务，且明白自身存在于社会之中，并不能与社会割裂开来。在不同的环境中，每个人的社会角色都有着不同的责任和归属。

第二步认识：认识力所能及的事情和力所不及的事情。在小学低年级的学生认知范围内，他们在做事情时经常对自己力所能及和力所不及的事情辨别不明，当他们不能辨认自己力所能及的事情时，就会对其他的人、事物或工具有过多的依赖，容易产生自卑心理；但当他们不能辨认自己力所不及的事情时，会缺少危险意识，容易产生自傲心理，且易受挫折并轻言放弃。其中最重要的认识部分就是教育者在这一教育过程中要关注到学生的最近发展区，在学生力所能及的基础上引导学生最大限度地发展自己的能力，给学生以适当的帮助促进他们新能力的发展，同时避免力所不及的事情。

第三步认识：认识自身的价值与优势。目前霍华德·加德纳（Howard Gardner）和他哈佛大学的团队已经定义了9种智能：言语－语言智能、音乐－节奏智能、逻辑－数理智能、视觉－空间智能、身体－动觉智能、人际关系智能、自省智能、自然观察智能、存在思考智能。不同的人在这9种智能的倾向上各有不同，其代表每个人有着不同的智能优势。当学生面对别人的智能优势时，引导他们明白自身的智能优势只是与别人不同，但不是其某一方面智能的缺失，帮他们寻找自身的智能优势，让其明白自身的价值和闪光点，帮助他们树立自信心；当学生面对别人的智能弱势时，教育他们以平等的态度来看待，且不能以自身的优势智能与别人的弱势智能相比，要肯定别人的智能优势，看到别人的价值和长处，了解人们之间的不同和平等。

通过以上三个方面的认识引导学生形成一个清晰的自我观，使学生明白"我是谁"，了解自身的归属、能力和价值。学生在这一过程中形成的基础"平等观"为学生第二阶段"学会共处"奠定了良好的基础。

（二）沟通技能发展

教育者通过第一阶段学生的自我认识能够知道学生在沟通智能和能力方面存在的差异，从而针对这种差异，对不同的学生进行不同的沟通技能的教育。一方面要教育小学生学会自我沟通，在自我的沟通中，回归自我的家园，体会自我的力量、价值、信念、平和及自我的原初状态，并在自我的原初状态中"反映"自我，感受自己的内在世界和精神力量，达到一种自我平衡的状态；另一方面，学生要学会与外界沟通，当学生自身通过自我沟通达到自身平衡后，如果要真正拥有好的沟通技能，那么他与外界之间如何形成与外界的动态平衡则至关重要。

回到原初状态的沟通需满足的三个方面条件：其一，不屈于外力而从自身主体性感受出发；其二，不过分强调自己的主体性感受而从与对话者的动态平衡出发；其三，主体性感受与客观存在的环境形成一致与平衡。

在所有的沟通过程中都包含着自我沟通和自我与外界沟通两个方面。自我沟通实现自我内在的平衡，与外界的沟通实现自我与外界的平衡，两个方面实现动态平衡才能实现原初自我，但是这两个方面并不总是保持一致，两者不同的平衡状态可以产生不同的沟通效果，也就是说沟通的最终成效是由自我沟通与外界沟通的平衡状态决定的。只有符合回到原初状态的沟通的三个条件才能形成自我沟通与外界沟通的平衡，从而达到最优的沟通效果。

沟通能力通过自我沟通和与外界沟通两个方面来发展。

首先是自我沟通，即自己与自己对话，在沟通过程中对自我的存在给予积极的关注并积极、主动与之对话。在自我沟通的过程中通过有意义的内容来自我沟通增强自身自信心、提高自己面对突发状况的应变能力，调整在沟通模式和沟通过程中的用词，均衡沟通过程中的平衡状态，由此实现沟通言语方面的提升。同时，当遇到一切尴尬、困窘、无措、难堪等情况时，人们常常会使用无意义的内容来自我沟通，使用语气词来抒发或者自己对自己的反问来自我沟通，这时的自我沟通实为自我安慰和疏导，以减轻自己面对非正常情况时的心理压力。

其次是自我与外界的沟通，即双向互动的沟通。在这个沟通过程中可以从模式、倾听、体语、简明、态度、共情、反馈七个方面来实现这一层面的沟通平衡：

（1）模式。不同的沟通采用不同的沟通模式，不仅要根据内容考虑沟通采用哪种沟通方式，有些内容只适合于一对一的沟通方式，如一些严肃且涉及一定隐私的内容；需要有更多受众的沟通则适合采用一对多的沟通方式。而且要斟酌沟通客体的情况以确定沟通是以网络还是当面的方式进行。毋庸置疑，当面沟通的效果应该是最好的，但若沟通客体事务繁忙或者不便于见面，则可以采用网络的方式来沟通。

（2）倾听。成为一个好的沟通者的最好方式就是成为一名好的倾听者，一个一直沉浸于自我沟通乐趣的人在和外界沟通时通常是不受欢迎的，这样的人也不能够理解沟通对象所传达的信息。在沟通能力培养的过程，教师引导学生理解与外界沟通的双向性，多关注沟通对象所传达的信息，并针对对方所传达的有效信息，适时地做出回应。

（3）体语。肢体语言在沟通过程中的作用占比为55％，其包括身体语言、眼神接触、手势、语调，一个放松、开放的姿势和一个友好的语调都可以使沟通者呈现出可接近性，同时鼓励其他人开放地与其交谈。其中，眼神的接触也很重要，眼神的沟通表明了你对沟通对象和沟通内容的关注，这里要注意的是眼神接触不是盯着沟通对象看。在沟通时多关注沟通对象身体信号所传达的信息，身体信息能比语言信息更真实准确地表示沟通对象的状态和感受。

（4）简明，即简洁明了。好的沟通即为适可而止，避免说得过多或者过少，尽可能用最简洁的语言传达你的信息，不管是通过网络、电话和面对面的方式，都用最简明和直接的语言说你想说的话，如果表述不够清晰明了，沟通对象可能不理解你所传达的信息或者会中止沟通。教育者引导学生进行沟通前的思考可以帮助学生避免传达过于冗余的沟通信息，而引起沟通对象的困扰。

（5）态度。态度是沟通时所持的状态，好的沟通态度应是友好的、自信的、开放的和尊重的。亲切的声调、有趣的问题和简单的微笑都可以促使沟通对象以开放诚实的态度参与沟通，同时一直保持友好、礼貌的态度也是非常重要的。在沟通的过程中应同时保持自信，因为自信可以确保你对沟通对象的信任从而表达你想要表达的信息，简单地使用眼神交流和使用有力度且友好的语调都可以透露出自信。沟通者应持灵活、开放的心态参与沟通，以开放的心态倾听并理解其他人的观点，乐于参与沟通，即使是和与自己有分歧的人。在沟通过程中学生应尊重沟通对象和其想法，能使沟通对象以更开放的姿态参与沟通，如记得沟通对象的名字、友好的眼神交流、专注和积极聆听都能让对方感受到尊重。

（6）共情，即学生无论赞同与否，都应理解和尊重沟通对象的观点和想法。共情主要体现站在对方的角度，与沟通对象产生心理上的共同的情感体验，切身感受到沟通对象所传达的信息和情感。

（7）反馈。能适当地给予和接受反馈沟通信息也是至关重要的，反馈包括给予建设性的建议和真诚的夸赞，同时也能乐于接受来自对方的沟通反馈。老师在学生小学低年级阶段培养学生的沟通能力，不仅有助于学生的自我成长，而且有益于学生环境适应能力和人际交往能力的提高，对其道德能力的提高有积极的促进作用。

（三）责任教育

说到责任教育，德国哲学家伊曼努尔·康德（Immanuel Kant）从约束力的范围和程度两个维度出发，将责任高度概括区分为：对我们自己的责任和对他人的责任，完全的责任和不完全的责任。[①] 不完全的责任要求一个人在特殊情景下有必要按照规则行事；完全的责任是一个人一直要履行的义务，比如对法律的遵守。康德构建了准则模型来判定一个人的行为是否履行责任，行为中所尊重的准则能否被普遍适用是确定责任的一个非常重要的标准，如图 2—1 所示。

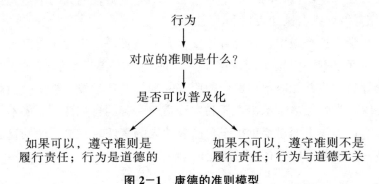

图 2—1　康德的准则模型

康德认为一个人对自己的不完全责任可以增加一个人的道德完善。我们在评价一个人或者群体是否具有责任时，往往依据他们对待自己责任的认真态度。我们当前社会中出现对个人和他人不负责的事情都与人们在中小学时期所接受的责任教育密切相关。在小学教育阶段以循序渐进的方式进行责任教育是一个学生成为一个具有责任感的人的基础，也是一个人发展为具备完善道德的人的重要前提。康德的四种责任如表 2—2 所示。

① ［德］伊曼努尔·康德著，苗力田译：《道德形而上学原理》，上海：上海人民出版社，2005 年，第 40～50 页。

表 2-2　康德的四种责任

	自我	他人
不完全和积极	对自己的责任 扩展生活目的的最大限度	对他人的责任 丰富他们的认识
	不完美有一定的限度和自由选择性	
完全	发展自己 不阻碍生活的最大限度	发展他人 不破坏目的间可能存在的系统和谐

我们在当前中小学责任教育中应扩展不完全责任教育，其重点就是给学生一定的限度和自由选择，因为每一个学生都是有自我意愿的生命体，他们在践行自己行为时不一定完全遵照某一准则或者完全摒弃某一准则，他们在实践中逐步发展出自己在做不同事情时，自己遵守特定准则和要求中的一部分便可，在此过程中不同阶段的行为会与既定的准则相匹配。正如康德责任理论所描述的，一个对自己持不完全责任的人为了达到自我的"道德完善"状态会采用发展的准则。

在小学生这个级段，教育者让学生有完全责任实现发展自己和发展他人两个方面是有一定困难的，如果一味地按照完善道德的标准来教育学生，会导致学生并无对承担责任的原则的理解。当学校对学生的强制约束力不在时，学生很难有承担责任和发展道德完善的自觉性。发展不完全责任意味着，当学生面对要承担于自己或他人的责任时，给予他们自由度让他们在一定的范围内选择自己承担的准则。

二、学会共处

（一）情绪管理

当前对情绪管理的研究主要集中于大学生阶段，但情绪管理不只是对大学生至关重要，也并不只是对当前的大学生产生影响。它受制于一个人幼年时期的情绪管理能力，是一个人幼年时期情绪管理能力的延续。我们将情绪管理放在小学高年级的德育内容中，一方面因为小学生在低年级由于其心理发育处于较低水平，其情绪具有丰富性、短暂性、不稳定性、多层次性和外力制约性。在小学高年级开展情绪管理教育，此时小学生的心理发展趋向成熟，自我意识得到很大程度的发展，保证了其在情绪管理上具有一定的自控和管理能力。另一方面情绪管理能力的提高为一个学生后期的心流体验探索、坚毅性培养、心理弹性培养、成长性心态养成等奠定了一个良好的基础。

情绪一般分为积极情绪和消极情绪。所谓情绪管理，并不是消除消极情绪，而是将消极情绪进行引导、疏导和转化，使得消极情绪变为积极情绪。波士顿治疗发展和培训中心提出 STORC 模型（见表 2-3）来帮人们理解情绪的产生和影响因子。

表 2-3　STORC 模型

S：Your Situation 个人处境	你周围的人、位置和其他事物。通常人们认为他们感受到一定的情绪是由于在其周围所发生的事情，但这只是其中一个部分。
T：Your Thoughts 个人认知	当你解释所发生之事时，第一个情景因素才会发挥作用，你对发生事情所持的看法会强有力地影响到你怎么感受它。不同的想法和解释会导致不同的感觉。
O：Your Organ（physical or bodily）Experience 个人的身体体验	你身体内在所发生的事情也是你所经历的情绪很重要的一部分，很多情绪性体验都会引起一些特定被感受到的身体唤醒，如焦虑、生气、低落、害怕等等。你所感受到的特定情绪一定程度上取决于你怎么阐释你身体内的体验。
C：Consequence of Your Respond 个人回应的结果	你的回应方式和你采取的行为会有一定的反作用和影响。这就是你周围的环境（特别是其他人）对你的行为的反应。这些结果也会影响到你的情绪和感觉，而成为你个人处境的一部分，进而反复循环。
R：Your respond or Reaction 你的回应或反应	有趣的是你如何反应和你回应 S、T、O 的做法也会很大地影响你的感觉。不同的行为反应会导致不同情绪和情感。

五个要素的作用循环方式

在 STORC 这个模型中，我们可以看到其中发挥最重要作用的就是一个人的认知，基于一个人的认知，同一件事情发生在不同的人身上时，不同的人对事情会有不同的解释和诠释，也会导致后面的个人体验、个人回应的不同。在对小学高年级学生进行情绪管理教育时，教师要引导学生将消极情绪转化为积极情绪，其中最关键的就是转变个人的认知，个人认知是这五个环节中能够个人调试和改变的首要要素，虽然个人的回应与反应也可以进行调节，但它是由于个人对所发生事情的阐释而出现的后续结果。

教师要引导学生看到任何事物都具有两面性——凡事都既有积极的一面，也有消极的一面。有些事情即使只是小事情，但在 4~6 年级的小学生看来有如灾难降临一般，对心理发展还不够完全成熟的他们来说，他们关注的常常是事情的消极面，或者对事情作出消极的解释，并不能控制自己的情感和行为，引发他们发泄自己的怒气或者是迁怒他人，他们采用发泄消极情绪的方式来补偿他们在前面事情中所获得的挫败感。但这些"灾难一般"的小事有时候可能是小孩子满足感不能即时兑现，有时候可能是别人的行为没有符合小孩子之前的心理预期。但有其积极的一面，当小孩的满足感不能即时兑现时，引导他们适当地延迟满足，或者是转移其注意力到其他他们喜欢且有益于自己健康发展的事情上面去；当别人的行为不符合小孩子的心理预期时，引导其换位思考或者调整自己的预期，总之，最重要的就是避免小孩子的挫败感。

（二）生命教育

"生命教育"一词最早是澳大利亚非营利组织提出的，它的首要目标是募集资金帮助澳大利亚的孩子们做出健康生活方式的选择。它是由传教士西奥多·温尔德·诺夫斯（Theodore Delwin Noffs）于 1979 年通过悉尼的教堂威赛德（Wayside）传播确立的。最初主要关注的就是孩子的运动、睡眠、饮食和与孩子健康成长息息相关的问题，后面发展为鼓励学生努力寻找到自己的人生定位、发现其自身潜能、认同他生活在其中的群体的价值观和价值选择。

中学的《体育与健康教学大纲》规定："全面锻炼学生身体，促进学生身心和谐发展，教育学生热爱生命，关心健康。促进身体素质与人体基本活动能力的发展，以适应自然和社会环境，增进身体健康和抵御疾病的能力。"在中学的教育中，国家已经把生命教育写进了教学大纲中并给予一定的重视。但现实中，校园欺凌事件、小学生自杀或伤人事件时有发生，引起越来越多人的关注和重视。本书将生命教育置于小学高年级阶段，以生命教育为先导，以道德教育为根基，启迪孩子们的灵性，培养学生都成为一个和谐人。"人是发展着的生命体，每一个生命体的质量决定了一个民族的种系保存、繁衍和发展的质量；民族的生命质量决定着一个民族的兴衰。"①

关注一个孩子健康成长问题是我们进行生命教育的第一个层面，引导他们形成健康的生活方式，做出正确的、健康的选择，对自己生命所需的关注，让学生能够有意识地在面对诱惑和多重选择时，能从健康的角度出发。比如当前国内外都存在的青少年的肥胖问题，油炸食品、甜食是很多小孩子的最爱，当众多选择放在他们面前时，他们有时会沉溺于这些不健康的食物中，那么通过生命教育让他们了解生命所需，尽力做到营养均衡，养成良好的生活习惯。同时，特别是当这个阶段的学生受环境和朋辈影响而出现不道德或者是不健康行为的端倪时，如说脏话、对长辈的不尊敬、沉迷游戏等，在出现苗头的时候就应通过师生多元互动的方式来解决，教育学生用健康的态度对待自己的身体，对待自己的生活。不论人生得意与失意，都不以折损自己健康和生命的方式来处理自己所遇到的困境。这一层面重点是达到学生对自身的关注。

第二层面的生命教育是对自己潜能和力量的关注，并努力寻找自己人生的路径。这一层面重点是实现学生对自己的探索。当学生达成第一个层面之后，也就做到了对自己的足够珍视和关爱，学生便有基础进入第二层面进行探索。在第二层面上学生要去探索、发现自己的潜能和力量所在，要去找寻自己的人生路径，实现生命的最好状态和最多可能性。每个学生都拥有其生命的多种可能性，如果只以一种可能性贯穿一个学生的生命始终，学生实现自身生命最好状态的可能性就会降低。英国著名的舞蹈家吉莉安·莱尼（Gillian Lynne）的生命最好状态和最大可能性是在舞蹈领域，可学习课业时她却无法集中精力，且觉得苦难重重、坐立不安。舞蹈是她的最大潜能所在，这种潜能是她在课业领域即使竭尽所能也不能实现和达到的。

① 《上海市中小学生生命教育指导纲要（试行）》，转引自毕义星：《中小学生命教育论》，天津：天津教育出版社，2006年，第2页。

除了上述两个层面之外，还有第三个层面便是——对生命的尊重，一方面尊重自己的生命；另一方面尊重自己生命以外的一切生命，比如其他的人、动物，乃至植物。在第一个层面中我们就讲到其核心是对自我的关注，其对应着第三层面的对自己生命的尊重，尊重体现的是超越了其关注的范围，在保持生命客观性的前提下，由主体真实情感出发的，能够将其他对象与自己放置于同样的位置并予以认同和肯定。人的生命都是等同的，不应以唯一主观价值标准对生命进行等级区分，不应以任何生命的外在作为标准来考量生命的价值，应将生命视为同一的存在，自己的生命固然重要，他人、他物的生命也是同样的重要。

当前校园的学生欺凌事件中，学生进行欺凌的一个很重要的原因就是对生命的不尊重，其将他人的生命与自身的生命价值作区分，不以同一的态度与标准对待不同的生命。对此我们更应从小学就开始加强生命教育，在小学高年级就引导学生正确地看待所有生命，从而减少校园暴力事情的发生。

（三）性健康教育

中国疾控中心数据显示，2017 年，我国人体免疫缺陷病毒（HIV）新诊断的报告中，15～24 岁青年感染者和病人 16307 例，占 2017 年全国新诊断报告感染者和病人总数的 12.1％。其中，新诊断报告的 15～24 岁青年学生感染者和病人为 3077 例，占当年 15～24 岁青年感染者和病人的 18.9％。总体上青年学生新诊断报告的感染者人数呈较快增长态势，感染者人数从 2008 年的 482 例上升到 2017 年的 3077 例，近 3 年来每年新诊断报告 3000 多例。这些都引起人们对当前性教育的思考：当前的性教育到底怎么了？怎样在中小学开展性教育？

根本上讲，性是不以我们个人意识为转移的客观存在，且是每一个人生理属性中的一个很重要的方面。正如张加生博士在《美的社会组织法》中写道："性教育问题关系于人生，比科学与艺术是更伟大的问题。"性的发展过程与人的成长过程是趋于一致的，从幼年对性的无意识层面—少年对性的潜意识层面—青年对性的意识层面，性也逐渐由隐入显。它的发展情况不仅决定了青少年身心健康的水平，也影响青少年的性格和行为。在美国和欧洲一些国家最早在幼儿园就已经开始了第一阶段的性教育，在小学和中学根据学生不同时期的身心特点进行不同的且超前于他们身心发展的性健康教育。我们目前仍处于"谈性色变"的阶段，父母总是担心"尺度"过大会影响孩子的成长，担心其因此而"误入歧途"地发生性行为。以往的一些性教材发布出来后部分家长会觉得教材"尺度"偏大，家长认为不应该以这么直白的方式进行性教育，可是相比英美国家我们的教材没有出格。瑞典学校自1942年开始就对7岁以上少年儿童开设性教育课程；芬兰从幼儿园就以图画书作为参考资料对儿童进行性教育；英国学校从学生7岁开始进行以漫画书为教学资料的性教育，在进阶阶段甚至会通过真实人的全裸展示来进行性教育，让学生在观看这些身体时提出自己的疑惑和问题，并在这一过程中引导他们以正确、开放、包容的态度来看待人体、看待性，且2020年9月英国政府开始实施新的健康教育政策，并把学校的义务健康教育开始年龄提前到4岁。青少年儿童将被教授如何在"性"和看见色情资料时保护自己，此举也是近17年来英国对性教育做出的最大的调整和改革。在美国，性教育主要有两种形式：一种是综合的性教育，另一种则是禁欲。而综合的性教育中包含了作为一种性选择方式的禁欲，同时课程还会涉及人类的性能力、进行性行为的适合年龄、避孕的方式手段和避免疾病的措施。欧洲有研究发现性教育开展得好的国家感染HIV和意外怀孕的概率非常低，而性教育没有有效开展的国家女孩子意外怀孕和性爱过程中感染HIV的概率明显要高得多，所以对青少年儿童进行系统的性教育尤为重要。

由于我国的文化传统和中国社会大的环境，我国性教育在实际的教育工作中进展较慢，在接下来的学校性教育工作中应以开明、开放、包容、多元的态度进行循序渐进的分层次的性教育，同时要坚持科学性、互动性、适宜性、自然性的基本原则。性教育内容分模块进行（见图2—2）。

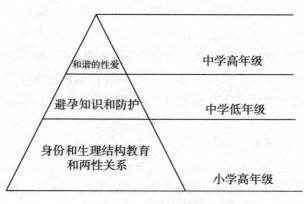

图2—2　性教育内容模块

教育者首先应科学地看待性教育这门学科，以启发的方式从正面引导学生看待自己的身体、看待异性的身体和两性的关系。当老师能够不把性作为"禁忌"的话题时，学生也能够敞开心扉地参与教学过程。其实每个人在成长过程中都会面临很多生理发育变化带来的困扰和无措，如果没有接受到专门的性教育，其不免就需要从其他渠道获取此类信息来解答自己心中的疑问。但良莠不齐的其他渠道信息可能会给学生输出负面的内容，从而影响学生的身心健康和与其他异性的相处。

三、学会探索

（一）心流体验培养

积极心理学研究提出，积极体验使人们在体会了愉悦的心理感受之外，还能够获得短暂或持久的主观感受，这是一种强大的精神力量，可以促进人的自我成长和发展。其包含三个方面：幸福而满足地回顾过去、快乐而充盈地面对今天、现实而乐观地憧憬未来。与将来有关的积极情感有乐观、希望、自信、信仰和信任；与过去有关的积极情感主要有满意、满足、尽职、骄傲和安详；与现在有关的积极情感主要分为两类——瞬时的生理快感、精神快感和长久的幸福体验。它分为感官愉悦和心理享受（或高峰体验）两种形式。克莱蒙特研究大学（Claremont Graduate University）著名的匈牙利心理学家米哈里·齐克森米哈里（Mihaly Csikszentmihalyi）在此基础上提出了心流理论（flow），将其定义为一个人在从事某项活动时被该事物吸引并把精力全部投入其中，从而感受到由此带来的高度的兴奋感、满足感和充实感。

中学生不仅处于人生发育的高峰期，而且处在青春期的过渡时期，同时经历着身体和心理两方面的显著变化。这些变化会引起心理上的焦虑、自卑、茫然，学生如何较好地度过此过渡期也是当前教育者遇到的一个难题。心流体验可以让学生找到自己喜爱的事情，从而专注于所做的事情，并在做事情的过程中体会到幸福和愉悦，进而能帮助学生消除心理上的焦虑、茫然之感。

如何培养心流体验？

第一，要学会表达你的生活。我们很难假设出什么活动能给我们最大的心流体验并让我们感觉到最好的状态，但以下的原则可以帮助学生找到适合他们每个人情况的最大和最优的心流体验。

原则一：特别关注，兴趣先行。这意味着学生是否对某一事物有特别的关注，或者是有兴趣想要做所关注的事情。原则二：自发行动，发现目标。仅仅有兴趣只是第一步，产生兴趣之后，学生是否有意愿想要动手去实践、动脑去探索则是发现心流很重要的一点，并且这种探索是自觉自发的，没有任何外力的约束。原则三：沉浸其中，接受反馈。当学生真正开始做某事时，自己处于其中的真实感受是否与自己行动之前的想法相符合是确定心流的基础。感受一致才会产生心流，否则感受差异只能让学生产生放弃的念头。如果无法真正沉浸其中，那么这种活动便没有办法带给学生心流体验。除此之外，学生以何种态度面对过程的反馈也很重要，这与他是否能取得长久的心流体验密切相关。

以上的原则其实就是告诉我们作为教育者要引导学生对某一事物或者事情产生兴趣，清楚地了解他们所做的事情，并有能力判定他们是否可以做好，激励他们走出的舒适区，在不断的尝试中，不断地接受挑战，从而发掘自己的心流体验。

第二，根据前面的原则我们可引导学生选择一项或多项体验心流的活动。体验心流的主要活动有：在休闲中体验心流、在运动中体验心流、在工作中体验心流、通过音乐体验心流、在人际关系中特别是爱情中体验心流、在思考中体验心流。有些学生可能要在尝试多种不同的心流活动后才能最终确定自己的心流体验来源。这一过程中，教育者应予以支持和肯定，以帮助学生找到他们最佳的心流体验。

第三，培育心流促发源。在找到可以引发心流的活动后，我们教育者就要细心培育心流的促发源。生活中，有些人可将自己生命的大部分事件沉浸在心流体验中，试图通过一些促发源去构建他们的生活，所以教育者引导学生尝试增加一些被他人验证过的促发源到他们所选择的心流体验活动中去，从而更好地帮助学生发现心流，感受心流。

心流体验的促发源如下：高风险；丰富多变外在环境；沉浸；清晰的目标；即时反馈；挑战与能力相匹配（研究表明比自身能力高 4％ 难度的挑战是最适合的）；专注；关注当下；均等参与（在群体体验时，每个成员都感觉参与其中）；协调自我（群体中的每一个人很难都成为焦点，比如替补运动员和首席音乐家）；群体认同；保持开放，富于创造力。①

第四，适时休息。我们每个人都不能一直沉浸于心流体验，最好的调整方式便是适时休息和放松，这就要求我们做到很少的关注，就像行走于自然之中，当其他人在关注时你却保持放松——只空想或者进行冥想。当沿着城市繁忙街道行走时，试着不要被汽车碾过，不要与行人相撞。恢复会随之发生。当学生有心流体验困难时，特别是当他们是没有体验过心流体验的 15％的人，鼓励他们不要气馁。请参照上述的促发源，帮助学生对如何花费时间有生动的理解，同时让每一天都变得非常愉悦。也许当我们坐下来说"好，心流体验时间"时，心流体验是很难理解的，但它可能正如我们所期望的悄悄靠近我们、靠近学生。

（二）坚毅性培养

坚毅被定义为取得长期目标所持有的耐性、坚持不懈和激情。宾夕法尼亚大学心理学教授安吉拉·李·达克沃思（Angela Lee Duckworth）和她的同事基于对取得高成就，特别是那些比同辈人更成功且对他人产生重要影响的人进行跟踪研究，发现他们之所以成功明显是拥有更高的能力水平，能力虽然是至关重要的，但这些人在拥有能力的同时还有极高的热情和持续的动机和努力。安吉拉教授将坚毅的公式表达如图 2-3 所示。

天赋加上努力可以获得技能（talent　effort=skill）

技能加上持续的努力才能获得成功（skill　effort=achievement）

图 2-3　安吉拉教授坚毅的公式表达

这个公式表明，一个人如果想要取得非常高的成就不仅需要天赋，还需要持续不断的努力。一个有天赋的人经过短时间的努力掌握的只是某种技能，将所取得的技能在时间轴上予以努力的锻造才能收获成就。当前的社会"快餐文化"氛围对学生的成长和发展有很大的影响，学生缺乏耐力和持久力、轻言改变和放弃，对一件事情很难持之以恒地坚持。学生要适应当今社会的发展，则不能靠"快餐态度"来对待自己的目标和人生方

---

① Mihaly Csikszentmihalyi：Finding Flow：The Psychology Of Engagement With Everyday Life，Basic Books，2007.

向，其必须通过坚持不懈的努力才能达到在自身潜能内所能达到的最大的高度。因此，这就是在中学进行坚毅性培养的原因。

教育过程中，一方面我们培养学生不轻言放弃的品格，我们这里说的不轻言放弃不仅指学习领域，也涉及与学生发展相关的任意领域，要肯定学生水平和每一次可能取得的成绩。在实际教育中，若遇到一个德、智、体、美排名靠后的学生或者长时间没有进步的学生时，一些教育者就会容易放弃对这类学生的培养和塑造。另一方面我们要帮助学生找到自身的天赋，不单一地以课业成绩为标准去评判所有不同的学生。学生都有其擅长的领域，找到这一领域，后面的努力与毅力才会事半功倍，如果学生在自己无天赋的领域去努力，学生不仅无法体会到心流体验的愉悦感，反而会感觉巨大的挫败感吞噬着他，便不可能再自始至终地持续努力。

（三）积极人格培养

积极的人格体现在积极的自我和爱的能力方面，主要有自信、勇气、乐观、美德、创造性、宽容、真诚、对美的感受力、毅力、关注未来、灵性、天赋和智慧等。积极心理学研究总结出人类主要有 24 种积极人格，乐观就是其中非常重要的优秀品质。这些优秀品质不仅可以增强个体的积极情绪体验，还有利于个体积极潜能的发挥。这个品质也体现了人的性格优势，通过对性格优势的判定更有利于我们理解积极人格，从而帮助学生塑造积极人格。在众多的备选项中，通过以下的标准来筛选，性格的优势应该是：

（1）普世的：在不同文化中被广泛认可。

（2）令人满足的：对于个人满足、满意度和一般意义上的幸福有所贡献。

（3）道德上有价值的：这种价值基于其本身，而非其可能产生的实际结果。

（4）不贬低他人：使得见证者受到鼓舞，产生钦佩而非嫉妒。

（5）具有一个不良的对立面：有明显的消极的反面。

（6）类特质的：是一种个体差异，表现出普适性与稳定性。

（7）可测量的：能够成功地被研究者作为个体差异来测量。

（8）有区别的：不与其他性格优势在概念上或经验上重复。

（9）有楷模：在一些个体身上令人惊叹的存在。

（10）有神童：在一些儿童和青少年身上早慧的出现。

（11）可以选择性地缺失：在一些个体身上缺失。

（12）有鼓励性的机制：存在社会实践或者仪式，将培养它作为目标。[①]

学生都有积极人格和消极人格两个方面，我们进行积极的人格培养重在发掘积极人格这一方面，同时尽力减少消极人格的作用范围，以积极人格化解消极人格，使积极人格能最大限度地作用于学生的生活和学习。我们要培养学生最核心的积极人格品质就是乐观。乐观能让学生从积极的角度去看待以及面对他们遇到的各种困难和挫折，即使有些事情非常糟糕，他也能够从中看到这个所发生之事的积极的、带给他成长、需要他学习的一面，比如学生考试中的失利、懵懂爱情的受挫、人际关系中的困窘等。这种积极人格能够增强学生的心流体验，也能够促进学生对自身潜能的自我发掘，有利于心流体验的培养和坚毅性的塑造。

四、学会选择

（一）心理弹性建设

"心理弹性"英文为 resilience，是使人们有心理力量和心理优势去处理遇到的压力与苦难。它相当于一个心理力量的蓄水池，当人们需要时可以及时地从中获取力量。心理学家认为具有心理弹性的个体能更好地处理困境和重建灾难后的生活。处理改变和损失是我们生活不可避免的一部分。从某种意义上来说，我们每一个人都经历着不同程度的挫折。其中有些困境是自己可以承受的、无关紧要的，而有些则会让人感受到如飓风、火山喷发和恐怖袭击似的灾难的降临。我们如何处理这些问题不仅会影响到事情的解决，还会对当事人个体产生长期的心理影响。

为什么面临同样的灾难时，有人能在其他人都表现崩溃的时候保持冷静？正是因为这个人拥有心理学家所说的心理弹性，也可以说是一种应对问题和挫折的能力。拥有心理弹性的人能够有效利用他们的技能和力量去处理问题和挑战，从中受到较小影响并容易复原到正常状态。这些问题包括疾病、自然灾害、生活中的突发状况、情感上的挫折等。

中学生正经历着环境和学习压力上的变化，有些人还会经历情窦初开

[①] ［美］克里斯托弗·彼得森著，侯玉波、王非等译：《打开积极心理学之门》，北京：机械工业出版社，2016 年，第 140～168 页。

的情感压力与困境，具备一定的心理弹性能让中学生较好地实现人生不同阶段的过渡。作为教育者应从以下几个方面引导学生形成心理弹性：

（1）保持积极的态度，积极地面对生活，且对自己的能力持积极的态度。

（2）确立目标，并寻找到生活的意义。

（3）提升自己，不断强化自身的各种技能，特别是提高自己发现问题和解决问题的能力。

（4）关怀自己，不管遇到怎样的困境与挫折，都能善待自己，保证自己的基本生活，不忽略自己的基本需求，保持自己的健康。

（5）发展强有力的支持网络，在遇到困境时，能找到自己可以吐露心声的人非常重要，与亲朋好友的交谈能在一定程度上帮人缓解压力和找到解决问题的办法。

（6）拥抱改变。心理弹性必不可少的一部分便是灵活性，去拥抱改变，使自己面对环境有更强的适应性，也就能更好地面对生活危机。拥有心理弹性的人通常能够利用这些境遇作为一种扩大生活方向的一种机会。

（7）采取实际行动来解决问题。如果只是一味地等待问题消失，只会延长危机和困境，与其如此还不如立即采取行动来解决问题。问题或许不会一下子解决，必然有个过程，但只要采取行动就可能使境况向好的方向转变。

当前中学生面临着巨大的学业压力，据一项调查发现上海有 24.39% 的中小学生曾有"结束自己生命的想法"，自杀原因中 45.5% 是因为学习压力过重，早恋占 22.7%，父母离异占 13.6%。自杀者年龄中 40.3% 都是 12 岁左右的孩子，也就是青少年的初中低年级阶段，所以在这一阶段进行学生心理弹性的培养极为重要，多一重建设，多一条生命。通过以上心理弹性的培养，学生能应对生活中可能出现的各种状况和危机，通过自己的力量解决问题，同时在危机和困境中不断发展自己的各项力量、优势和潜能。

（二）成长性心态的养成

美国斯坦福大学教授卡罗尔·德韦克（Carol Dweck）在研究学生对失败的态度时定义了人们所拥有的两种心态，即固定性心态和成长性心态。其研究发现，当一些学生被学习中一个非常小的挫折打败的时候，还有一些学生却能够很好地应对学习中的障碍，最重要的原因就是这些能够

57

很好应对的学生认为他们可以变得更聪明，明白努力可以使他们变得更强，因此他们也愿意为此付出更多的时间和努力，这也必然导致学生会取得更好、更高的成绩。

德韦克教授通过对纽约的中学生进行分组实验发现成长性心态利于激发学生的学习欲望，让学生乐于尝试挑战，学会在挫折中坚持，从批判中学习，从他们的成功经验中获得收益，把努力视为掌握知识的重要路径，学生因此取得更高级别的成就。

培养成长性心态最关键的一点是在学生取得一定成绩的时候认可和鼓励学生的努力而非天赋，让学生看到努力是通往成功的重要通道。取得成绩时一味被夸赞有天赋的学生在日后的学习中惧怕尝试挑战，原因是他想通过避免尝试挑战来维持别人对他"天赋"的原始印象，并不想这种原始印象因为学习过程中出现失败而改变。他会尽力待在自己"舒适区"内，这是他认为保持印象的最好方式。长此以往，这类学生在学习上取得的进步微乎其微。对比之下，那些更关注努力的学生在学习上遭遇失败的时候，他会归因于自己的努力程度还不够，还需要继续努力才能够不断克服遇到的困难并随之进步，因而能最大限度地挖掘出自身的潜力。

我们在中学低年级阶段对学生培养需坚持"赞赏努力"这一基本原则，肯定学生在取得成绩过程中的努力，或是对他所面对的失败和学习困境给予努力的激励，让学生明白一点：我们的成绩来源于我们的努力，没达到满意程度是因为我们的努力不够，若想进一步提升也只有不断努力，同时要勇于去尝试新的挑战，不要惧怕失败，同时能在失败中有所学习和有所成长。要真正培养成长性心态，需引导学生坚持以下的几点：

（1）承认并拥抱不完美；

（2）视挑战为机遇；

（3）重视过程而非结果；

（4）强调成长，避免欲速则不达；

（5）努力比天资重要；

（6）积极接受批评；

（7）保持目标的连续性；

（8）明确目标；

（9）坚毅性培养；

（10）尝试冒险且不惧怕失败。

其中的坚毅性培养，我们在前文有具体阐述，坚毅性的培养有利于心理弹性的养成，两者密切相关，相互影响。

（三）自我价值观培养

自我价值观是指生命个体对自身价值的感觉及对自己的尊重和赞赏。一个人对自我的评价可以有多种方式，有些方式比其他方式更有益于人们的心理健康，特别是自我价值，不是基于外部行为而更多的是对一个自身内在价值的评估。简言之，自我价值就是关于你是谁，而不是关于你做了什么。

当前我们社会中关于高自尊的研究出现的问题就是我们过多关注一个人与他人的价值而常常忽视一个人内在的价值。当前存在的竞争文化也常暗示我们超过平均水准之上会令我们有较好的感觉，但不断地与他人比较意味着我们总是进行着一场失败的斗争，总是有太多人比我们富有，比我们有吸引力，比我们更成功，即使我们偶尔可以达到一个成功的高度，那种感受却不能持久。我们对自我价值的体验有时很像打乒乓球，在我们最新的成功或失败中固步自封地起起落落。

如何培养自我价值观？

其一，引导学生停止与别人之间的比较，转向衡量自己所走过每一步的成败得失。当学生在与其他人比较的时候会听到来自内心的声音，这个声音来自痛苦的童年经历和早期所处的批评环境以及父母对他们的感受。如果教育者总是不断地用消极的思想督促学生与他人进行比较，那学生内心的声音会贬低他们的自我价值，甚至会导致他们自我贬低，产生不适应环境的行为，会让他们自我感觉很糟。在教育过程中我们帮助学生看到真正的自己，而不是以消极或者不自信的教育来看待他们自己，我们要帮助学生改变他们最初在家庭中对待和评价自己的方式，开始理解并感恩于自己的感觉、想法、欲望和价值。

其二，帮助学生理解他们对自己态度的力量。一个人怎么样认知自己、怎样谈及自己、怎样表现自己，到最后一个人就成为上述的样子。如果一个人轻视自己，贬低自己的价值，在面对他人时不重视自己的天赋才能，那么他将会成为一个自损、低自尊的人，这不是谦虚，而是一种自我否定。同时我们也不能夸大自己的才能、天赋和技能，夸大会导致以自我为中心和傲慢。在这两者中间存在唯一的一条正确的自我认识路径：我们每一个人都是一个与他人等同的有价值的人，每个人的想法和思想都是独特和有价值的。

其三，相信自我的感觉。自我价值要求学生学会倾听和信赖自己的感觉，而不是对别人感觉的自动回应。当学生总是回应别人想要的结果时将使学生缺乏充分利用自己回应能力的动机。当学生学会了相信自己的感觉，将会以有利于自己和有益于自己、对方两个方面的方式来回应。

其四，停止基于他人所确定的条件性的自我价值。一旦当学生尝试去表现为他认为其他人想让他成为的人时，就失去了他的自我价值。很多学生都以这样的方式过自己的生活，例如学什么、选什么样的专业和职业、去哪里生活以及将来有多少孩子。教师要引导那些后悔自己因他人而做出错误决定的学生，纾解他们由于信赖别人而导致后悔决定的焦虑和气愤。多听取拥有健康型自我价值的人分享他们的见解，与他们一同学习，这些人也一定愿意引导其越过生活的陷阱，帮他们找到属于他们自己的健康的内心声音。

第三节 "三观"教育

"三观"教育即世界观教育、人生观教育和价值观教育。改革开放以来，党中央非常重视"三观"教育，十四届六中全会通过的《中共中央关于加强社会主义精神文明建设若干重要问题的决议》，提出要引导人们树立有中国特色社会主义的共同理想和正确的世界观、人生观、价值观。[①]我们基于以上的指导思想，根据当前社会发展的形势以及中小学生身心发展的特点，进一步厘清中小学开展世界观教育、人生观教育和价值观教育的主要内容。

一、世界观教育

"世界观"一词产生于哲学，是一个人对这个世界的根本看法和根本观点，"它首先以一种自然含义出现于康德的《批判力判断》：世界观的意识是对感性给予世界的观察。或者就像康德所说的，对感性世界的观察，

---

① 上海《哲学小辞典》编写组：《哲学小辞典》，上海：上海人民出版社，1975年，第352页。

感性世界是对最广义自然的朴素统握"①。随着国家、学校各方对德育的逐步重视，世界观已成为德育领域中一个非常重要的内容，"世界观教育"被置于一个至关重要的位置，它影响着一个人的人生观、价值观，塑造着一个人思维判定的标准，奠定一个人人格养成的根基。

德国哲学家狄尔泰（Dilthey）曾说："任何世界观的最终根源都是生活本身。"世界观简言之就是人在"生活世界"中通过自身的生活实践而作用于自身的价值观念，具体就是具有一定认知水平、心智能力和生活经验的人在与世界的相互作用的关系中形成，以反映一个人的社会关系、生活经验，用思维、认识和行为表达出来的以解释世界或人与世界关系的价值选择。一方面人是具体的、历史的、处于各种利益关系中的人，马克思认为"我们不是从人们所说的、所设想的、所想象的东西出发，也不是从口头说的、思考出来的、设想出来的、想象出来的人出发，去理解有血有肉的人。我们的出发点是从事实际活动的人，而且从他们的现实生活过程中还可以描绘出这一生活过程在意识形态上的反射和反响的发展"②。另一方面人必须通过实践，直接的或间接的实践才能够塑造我们的世界观，马克思说："全部社会生活在本质上是实践的。凡是把理论引向神秘主义的神秘东西，都能在人的实践中以及对这个实践的理解中得到合理的解决。"③ 实践是塑造我们价值观的重要渠道，在当前社会氛围下，实践对世界观的形成起着决定作用。"不是意识决定生活，而是生活决定意识。"④ 在实践中的所知、所感、所惑都会在人的身上形成心理映射，内化为人们对这个世界的看法，最后再作用于人们的实践。

当前中小学进行"世界观教育"是"三观"教育的第一步，也是"三观"教育中最核心的一步，通过世界观的教育帮助学生形成一个符合时代发展要求、学生自我身心特征的知行统一和多方和谐的世界观、社会观、宇宙观。

———————

① ［德］马丁·海德格尔著，丁耘译：《现象学之基本问题》，上海：上海译文出版社，2008年，第5页。

② 中共中央马克思恩格斯列宁斯大林著作编译局：《马克思恩格斯选集》（第1卷），北京：人民出版社，1995年，第73页。

③ 中共中央马克思恩格斯列宁斯大林著作编译局：《马克思恩格斯选集》（第1卷），北京：人民出版社，1995年，第56页。

④ 中共中央马克思恩格斯列宁斯大林著作编译局：《马克思恩格斯选集》（第1卷），北京：人民出版社，1995年，第73页。

（一）"世界观教育"概念的界定

纵观中国教育，蔡元培是第一个提出"世界观教育"的人，他提出五育并举——"军国民教育、实利主义教育、公民道德教育、世界观教育、美感教育皆近日之教育所不可偏废"的教育思想，其中的核心和重要组成部分就是"世界观教育"。"世界观教育"是一种理想信念的教育，是一种指向人的最终价值的教育，其关注超轶现世状态，而呈现一种教育的本然状态。

蔡元培提出"而教育者，则立于现象世界，而有事于实体世界者也"[①]。人类所追求的一种终极目标就是超越现实的观念，指向人的终极价值。教育应引导人们超越现实的幸福，进而追求超轶现世的终极价值和幸福，这正是教育的最高目的。教育以培育人格为宗旨，作为教育者不仅仅要教授学生基本的知识和技能，更要以理想启迪其心智，并将其贯穿教育始终。因此蔡元培说"教育者，非为已往，非为现在，而专为将来"[②]。教育者对教育的研究不在利益的获得，不在功利的回报，不指向现在，而是指向未来，是对宇宙、世界的根本探寻。

蔡元培认为"世界观教育"应"循思想自由言论自由之公例，不以一流派之哲学一宗门之教义梏其心，而惟时时悬一无方体无始终之世界观以为鹄。如是之教育，吾无以名之，名之曰世界观教育"[③]。依据蔡元培先前对世界观的界定，"世界观教育"重在培养人对现象世界的探究及由此产生的超然态度，引导学生形成独立的人格和自由的精神。

（二）"世界观教育"的具体内容

1. 解释世界

既然世界观是我们关于这个世界的根本看法，那么我们就要思考一个问题：我们对这个世界的解释是什么样的？每个人基于自身的社会关系和生活实践会形成自己对社会的解释，学生在心智未完全成熟、所经历实践较少的情况下能够对社会所做出的解释有限，甚至是不能对世界进行解释，这就需要教育者在教育过程中指导学生在具备一定思维能力的基础

---

① 高平叔：《蔡元培教育论著选》，北京：人民教育出版社，1991年，第3页。
② 高平叔：《蔡元培教育论著选》，北京：人民教育出版社，1991年，第16页。
③ 张汝伦：《文化融合与道德教化》，上海：上海远东出版社，1994年，第131页。

上，通过自己已有的知识储备和生活经验对世界进行阐释，形成自己对世界的观点和看法。但解释的同时首先不要先去判定对与错，对学生来说形成认识、具有判断能力是第一位，在这之后再逐步讨论由此衍生的问题和对此进行的对错判定。

解释过程中明确以下几个基本点：

解释的基本点之一：世界之于宇宙。我们所生活的世界是广袤宇宙中及其微小的、忽略不计的部分，世界存在的永恒相对于宇宙则无从体现，这是从更广的纬度进行世界观的解释，有利于学生以宽广、豁达的视角解释世界。

解释的基本点之二：世界之于物种。我们人类是生命有机体和自我意识、主体和客体辩证统一在一起的高度社会化的动物。但实则我们还是与其他物种共栖在这个地球上，我们并不是地球的主宰也不是谁的主人，我们只是比其他物种进化了更高的智能水平以满足我们不断发展的生活的需要。这一点要求学生以更平等、平和的状态与其他物种相处，拥有更多元的爱，学会如何去爱、去尊重其他物种的存在。

解释基本观点之三：世界之于个人。"人是一切社会关系的总和"，我们处于各种复杂、多元的利益链条之中，并从中汲取我们所需要的各种物质能量。有些赠予是我们能感知到的，有些生命不可或缺的东西，如空气、水，却常常是我们容易忽略和遗忘的同样来自世界的重要馈赠。人与世界的关系应是双向动态平衡的关系，世界观教育的世界之于个人的基本点在于在从世界有意识、无意识索取的同时应对世界做一种反馈，以保证个人与世界都能良性发展。

2. 指向未来

世界观解释了一个人对世界所持的观点和态度，通过一个人的世界观对过去经验和经历的剖析、解构，也把世界观作为对主观和客观未来判定的基础，即世界观的方向性不仅要回顾过去，更要指向未来，那么我们要思考一个问题：我们要向何处去？这个问题是很多哲学界、学者一直都在思考和探索的终极问题，也是我们每一个人都应该思考的问题，小学生也不例外。这种思考能帮我们更好地对世界做解释，从而不断影响着我们世界观的塑造过程，修正、调整，让世界观保持在正常的轨道之内。

3. 探究答案

探究答案是上一内容的延续，也是对上一内容中的终极问题"我们向何处去"的思考和回答——"我们应该做什么"也是我们下一个内容——"我们如何达成我们的目标"的前提。"向何处去"与"应该做什么"密切关联、相互对应，去往不同的方向，导致学生基于对世界的解释所做事情的回答也不相同，答案会涉及不同的层面和因素，个人、他人、社会都可能是答案。探究答案是世界观至关重要的部分，没有答案便会对这个世界处于茫然的状态，更不会有行动，也不容易养成道德。

4. 行为方法

世界观对世界的探寻遵循着认识—思考—回答—行为的脉络，最后的落脚点和归宿在行为这一环节。世界怎么样、我们向何处去、应该做什么固然重要，但我们究竟应该怎样达成我们的目标呢？前面三个问题是积极的，才能获得积极的结果。我们进行世界观教育，引导学生在解释世界的基础上去改造世界，若想有更高道德水平的社会环境，就离不开每一个学生都能依据自己的世界观做出积极、美好的行为。

5. 价值判断

在解释世界的内容中，我们提到学生解释世界的能力优先于价值判断，但不代表价值判断就不重要，而是在学生具有解释世界的能力的前提下，再去掌握价值判断的准则才能使学生的世界观有意义。若学生没有解释世界的能力而进行世界观价值判定时，他的价值判断便不能解释这个判断背后深层次的原因，导致价值判断背后没有解释支撑，也就使价值判断失去了最本质的意义。价值判断得到的结果是相对的，都是在一定的文化背景下、社会准则中为社会成员接受、肯定或否定、不认可的价值选择。我们世界观的教育是要教育学生形成符合社会发展、文化认可的世界观。学生最后的行为是世界观价值判断的重要内容，在遇到学生世界观出现偏差的时候则需要回到第一个"解释世界"这一内容，重新对世界解释，循环往复，让世界观回到正轨。

每个人价值观的形成都包含以上五个方面内容，每一步不同都会前后影响，这也解释了每个人为什么会有不同的世界观。我们教育过程中应尽力避免所有学生世界观的绝对趋同，不同的世界观才会产生更多元更丰富的效果，更有益于保持社会正常秩序和社会氛围向上。

二、价值观教育

所谓价值观是具有一定心智能力的人基于经验、认知对事物作出的判断与选择，是一个人判定事物的思维方式，也是一个人对已经存在于其头脑中的诸多价值选项所做的排序，以体现出一定事物对判定主体的价值大小。不同的阶层、不同的成长背景、不同的生活经验让人们的价值观呈现出多元的状态。价值观具有一定的稳定性，但青少年的价值观是在其成长过程中不断被影响、被塑造直至最终成型，在这一过程中青少年会对他所接受到的所有价值进行选择、排序、内化。

价值观是多元的，大至国家层面、社会层面，小到家庭和个人层面，不仅涉及发生在自己身上的事情，也可能是自己不曾参与的任何事情。每个学生都有自己独特的价值观，作为教育者，我们所进行的价值观教育最重要的就是不要统一所有学生的价值观。而是引导学生作出符合以下原则的价值选择和判定，这其中原则就至关重要。无论学生有怎样的价值观，只要他的价值观是符合以下原则都是可以的，把握原则的价值观教育比直接教给学生固定的价值观模式更有意义，也更益于发展学生的道德思维能力。

首先，向善原则。这是进行价值观教育要遵循的首要原则，是其他原则的基础，其他原则也必须在向善原则的基础上才会有意义。所谓"向善"是不伤害自己，不伤害其他人，不伤害社会。罗素说"在一切的道德品质中，善良的本性是世界上最需要的"[①]，价值观的向善要兼顾个人与社会两个方面，只向善于个人便会导致个人主义的价值观，而只向善于社会却是大部分人不能到达的程度，对学生来说也有较大的难度。面对社会中发生的任何事，青少年都会从自己未定型的价值观出发对其进行解释，可能所展现出的价值倾向千差万别，可能会和成人的价值观存在冲突，但只要向善的原则不变，就保证了价值观塑造的大方向是正确的。

其次，生命原则。有些情景当事人会面临两个或者多个选择，但无论倾向于哪一边或者选择哪一边都符合向善原则，这种情况让青少年如何作出自己的价值判定呢？如果青少年按照向善原则去选择的话，那么一定会陷入两难的境地，无从选择，此时就需要生命原则来帮助青少年了解向善原则也有其有限性，在保持向善原则的同时还有其他价值原则，即生命是第一位的。所谓生命原则就是把生命放在第一位，强调生命的至关重要，乃至为了保全生命，可以舍弃其他价值选择。价值选择有冲突、有矛盾

① Bertiand Russell. In Praise of Idlenss and other essays, Routledge Classics, 2004: 15.

时，教育者要引导学生把生命原则放在第一位，其他的价值选择都可以退居生命原则之后，其他原则在生命原则得以确立之后才能保持完整。生命原则对于青少年来说适用于发生在任何国家、社会、情景下的事情，当生命受到威胁时都不可以把其他价值选择置于其上。

再次，自由原则。当前社会中的价值观既有主流价值观也有一些非主流价值观，主流价值观中还有不同的价值倾向，同样学生中也会存在多种价值观和不同的价值倾向，我们进行价值观教育时不能轻易扼杀或者强力纠正某一种独特的价值观，作为教育者要尽力引导学生形成自己独特的价值观，使学生的价值观呈现出多元状态。学生应有自己选择符合他自身价值倾向的价值观的能力，对任何事物都能有独立的价值判断能力，我们不强加自身的价值观给学生，对学生的价值观持尊重态度。我们应鼓励学生在尊重生活经验内保持其价值观的自由性和独立性，不受他人价值观的捆绑和压制。

价值观教育的内容是在保持向善原则、生命原则、自由原则基础上对价值准则的选择和排序。一方面是价值准则的选择，面对众多的价值观，有好有坏，有向善的，有趋恶的，有普世的，有特定的，学生究竟要怎么选择，这便是我们进行价值观教育的首要内容。这一过程中学生会受到来自家庭、环境、群体多方面的影响，他的价值选择会趋同于他所接受的影响因子带有的价值观。另一方面是价值准则的排序，不同学生将他们所选的同样的价值准则进行不同的排序，导致他们的价值观都各不相同，价值准则的排序对价值观的形成至关重要，也使价值观呈现出多样性。

每个人的价值观都是每个价值判断主体对价值客体的选择与排序，并通过特定事物予以呈现，是历史的、抽象的、发展的、独立的。价值观是一种价值判断方式、思维方式，因此我们并不能给出价值观教育的具体内容，而是把握住关键原则帮助学生形成自己的独特的价值观，让每个学生成为有价值判断能力的生命个体。

三、人生观教育

人生观是人们在实践中形成的关于人生态度、人生目的的根本看法和根本观念，同时也包含一些人对未来所持的状态和态度，它是一个人基于其经验所形成的对与其个人成长、发展相关的客观存在的某种具有质性的态度与判断。人生观与世界观、价值观相互影响、相互制约，一个人人生观的形成既受到其世界观、价值观的影响，同时也受到偶发、突然事件和个人经验的影响，是一个人人生路上的多重合力相互作用的最终结果。

人生观的形成和发展贯穿人的一生，我们从出生、成长至终老过程中所得的直接或者间接的经验都会成为人生观形成的影响因素，影响人生观朝着不同方向发展，形成人生观的多样性。我们在进行人生观教育时应从人生的初始阶段入手，所以人生观教育的第一个内容为生命教育，关于生命的成长、成熟，有对生命的尊重和敬畏感。当前部分中学生对待生命十分随意，生命的完整性和严肃性没有得到这些学生的重视，因小事情而导致的自杀或自伤或者是对他人生命不尊重的校园欺凌、意外事故中对生命的漠视，把生命作为一种逃避现实压力的办法，把损伤生命视为一种解决问题的方式都是不正确的，因此我们当前的人生观教育亟须加强生命教育，帮助学生理解生命的重要性，敬畏生命，尊重生命，理解生命，珍爱生命。

教育者在进行生命教育时，首先要引导学生树立正确的生死观，这里的生死观不是要教育学生去拥有淡然地看待生死的豁达心境，而是严肃看待生命，明确生活的不易，生命应得到珍视；其次要引导学生树立正确的得失观，把生活的得与失与生命分别对待，并不以生命的损坏或缺失状态去补偿其在生活中的失去以获得一种假象平衡或者解脱；最后要引导学生形成正确的平衡观，人生是一个动态平衡的过程，对于眼前的利益得失能以更宏观的视角去理解和看待，对生命有多层、多元的理解，生命要有"动"才能实现平衡，进而体现生命的内在本质。

我们道德教育的内容是根据学生身心发展的规律和每个学生的不同特点，从一个人成长的根基出发，将学生身心特点与年龄相结合，将个人的成长与自我发展相结合、智力发展与道德能力发展相结合，不再是要求教育者去教授框定好的具体德育内容，而是帮助教育者灵活地把握学生道德发展的关键点，并以关键点为学生道德能力发展的基础，重在发展学生道德判断能力和道德反思能力，以实现学生自我发展与完善的道德发展状态，使学生在不同的场合、情境下都能做出符合道德根本要求的选择。

学生的道德发展是一个缓慢的隐性过程，不能直接带给学生在学业上、智力上、能力上的直接提高，但却是一个学生最终能否成为"人"的决定因素。道德对一个学生的影响是长久的、隐性的，特别是在强调培养具有国际视野的学生的今天。每个国家之间学生的较量不仅体现在学业上、创造力上，更是不同国家学生之间道德素质的比对，也是一个国家学生被评价的首要要素，所以我们要培养具有国际视野的学生就是培养具有道德与视野的学生。

第三章　中小学德育的方法[①]

在中小学德育过程中，要切实将党和国家关于中小学德育工作的要求落细落小落实，努力构建方向正确、内容完善、学段衔接、载体丰富、常态开展的德育工作体系，积极促进德育工作的专业化、规范化、实效化，努力做到全员育人、全程育人、全方位育人。

第一节　学校德育的方法

通过在四川省成都市、绵阳市、遂宁市等地学校的走访调查，课题组发现这些地方的中小学课堂教育目前基本都能按照教育部的统一要求进行教育教学，但还存在不同程度的问题，需要根据各学校的实际情况进行一定的教育教学改革。

一、德育课堂教育

（一）德育课堂教学

1. 小学德育课堂教育

小学德育即学校对小学生进行思想品德教育。它是社会主义精神文明建设的奠基工程，是我国学校社会主义性质的一个标志，属于共产主义思想道德教育体系。它贯穿于学校教育教学工作的全过程和学生日常生活的各个方面，渗透在智育、体育、美育和劳动教育之中，在小学教育中居重要地位，与其他各教育互相促进、相辅相成，对促进学生的全面发展、保证人才培养的正确方向，起着主导作用。

---

① 本章主要是针对小学、初中学生的德育进行的研究，所以未涉及高中德育课堂教育。

（1）培养目标。

小学低年级：教育和引导学生热爱中国共产党、热爱祖国、热爱人民，爱亲敬长、爱集体、爱家乡，初步了解生活中的自然、社会常识和有关祖国的知识，保护环境，爱惜资源，养成基本的文明行为习惯，形成自信向上、诚实勇敢、有责任心等良好品质。

小学中高年级：教育和引导学生热爱中国共产党、热爱祖国、热爱人民，了解家乡发展变化和国家历史常识，了解中华优秀传统文化和党的光荣革命传统，理解日常生活的道德规范和文明礼貌，初步形成规则意识和民主法治观念，养成良好生活和行为习惯，具备保护生态环境的意识，形成诚实守信、友爱宽容、自尊自律、乐观向上等良好品质。

（2）教育内容和基本要求。

小学德育主要是向学生进行以"爱祖国、爱人民、爱劳动、爱科学、爱社会主义"为基本内容的社会公德教育和有关的社会常识教育（包括必要的生活常识、浅显的政治常识以及与小学生有关的法律常识），着重教育学生心中有他人，心中有集体，心中有人民，心中有祖国；着重培养和训练学生逐步养成良好的道德品质和文明行为习惯。

（3）不同年级德育课堂教育主要内容。

一年级德育课堂教育主要内容：我上学了，上学路上，我的同学和老师，家里的我，大自然真美丽，今天吃什么，我的手儿巧，我有许多好朋友，快乐的小问号，我爱美丽的生命。

二年级德育课堂教育主要内容：开开心心每一天；让我的身体更棒；我会照顾自己；我生活的地方；我爱绿树，我更爱蓝天；自己拿主意；献出我们的爱；我们去发现；你好祖国妈妈；愉快的收获。

三年级德育课堂教育主要内容：夸夸我自己；我爱我们的学校；家乡的山山水水；有趣的家乡风情；我学习我快乐；家庭因我更美丽；共享友爱阳光；谢谢你，家乡的劳动者；五十六个民族五十六枝花。

四年级德育课堂教育主要内容：有困难我不怕，我们的快乐大本营，做聪明的消费者，公共生活讲道德，大自然发怒的时候，诚信是金，伸出我们的手，我的绿色日记，交通连着千万家，祖国真大。

五年级德育课堂教育主要内容：让心灵比天空更博大，我们都有发言权，乡村新发现，一方水土养一方人，我们是炎黄子孙，爱美丽的生命，规矩与方圆，不能忘记的历史，科技创造新生活，商品带你看世界。

六年级德育课堂教育主要内容：走向文明；不屈的中国人；腾飞的祖国；漫游世界；你我同行；人类的家园；同在一片蓝天下；再见，我的小学生活。

2. 初中德育课堂教育

（1）培养目标。

教育和引导学生热爱中国共产党、热爱祖国、热爱人民，认同中华文化，继承革命传统，弘扬民族精神，理解基本的社会规范和道德规范，树立规则意识、法治观念，培养公民意识，掌握促进身心健康发展的途径和方法，养成热爱劳动、自主自立、意志坚强的生活态度，形成尊重他人、乐于助人、善于合作、勇于创新等良好品质。

（2）教育内容和基本要求。

中学德育工作应认真贯彻党在社会主义初级阶段的基本路线，遵循党关于社会主义精神文明建设的指导方针，在继承和发扬德育优良传统的基础上，适应不断发展变化的新情况。赋予德育具有时代特点的新内容、新方法。要坚持实事求是的思想路线，从我国社会主义初级阶段的实际出发，从基础教育实际出发，从中学生的实际出发，遵循青少年的身心发展规律，分层次地确定德育工作的目标和内容，对中学生进行基本思想政治观点、基本道德、基本文明行为教育、良好个性心理品质和品德能力的培养。不断改进德育方法，逐步实现德育工作科学化、规范化、制度化。

初中德育主要内容为爱国主义教育、集体主义教育、社会主义教育、理想教育、道德教育、劳动教育、社会主义民主和遵纪守法教育、良好的个性心理品质教育。

（3）不同年级德育课堂教育主要内容。

初一德育课堂教育主要内容：笑迎新生活，认识新自我，过富有情趣的生活，过健康、安全的生活，青春时光，做情绪情感的主人，在集体中成长，走进法治天地。

初二德育课堂教育主要内容：相亲相爱一家人，师友结伴同行，我们的朋友遍天下，交往艺术新思维，自然的声音，公共利益，在同一片土地上，劳动创造世界，市场考察。

初三德育课堂教育主要内容：承担责任，服务社会；了解祖国，爱我中华；融入社会，肩负使命；满怀希望，迎接明天；法律与秩序。

3. 中小学课堂教育教学改革

（1）中小学课堂教育现状。

目前全国中小学德育课堂教育总体来说教学质量有很大提高，甚至有些课堂改革取得不错的效果，但也存在一些问题和缺陷，需要把新教改的基本目标落到实处。目前存在的主要问题有：不能很好地把教材体系转化为教学体系，课堂教学当成是单纯的知识教学课，教材内容与学生实际脱节；教师满堂灌，学生参与度不够；教学方法过于单一，不善于利用现代传媒技术；一些学校存在重智轻德的情况，德育教育目标不明确，不重视思想品德课，教师水平不专业。

（2）中小学课堂教育改革探索。

中小学的思想品德课是德育教育的主阵地，也是教育引导学生树立科学的世界观、人生观、价值观和形成良好道德品质、法治观念的重要途径。如何让学生成为社会主义的建设者和接班人，成为健康、幸福、快乐的人，是德育教育面临的重大课题。加强中小学生思想道德建设，重视探索适应当前社会发展的德育新方法、新理念势在必行。

第一，明确教学目标。学校必须规划德育目标，细化德育课堂教育计划，高度重视德育教育，加大德育力量，德育课教师专业化，还需要注意与其他学科的教学相互整合。

第二，要把教材体系转化为教学体系。既要通过思想品德课的正面灌输使马克思主义的基本理论进教材、进课堂、进学生头脑，也必须理论联系学生实际，寓教于乐，把教材体系转化为教学体系，善于利用资源，结合当地情况不断丰富教学内容。

第三，德育课堂教育形式要多样。避免枯燥无味，除了老师主讲，还可以通过提问、讨论、看视频、演讲、案例分析、行为训练、课前课后布置作业等方法让学生不仅听了，而且看了、说了、讲了、亲身体验了是非曲直，深入心灵深处，使感性认识上升为理性认识，促进知行统一，形成正确的世界观、人生观和价值观。

第四，教学模式要创新。打铁还需自身硬，教学创新不仅是教学内容、教学方法和教学手段的创新，更重要的是教师教学观念的创新。思品课老师不仅要具有过硬的理论功底和思想政治素质，还需要具备较高的科研能力，才能在教学中有较强的说服力。

（二）班主任德育工作

班级是学校的基层组织，班主任是班级的组织者、教育者和指导者，是国家教育方针的贯彻执行者，担负着培养社会主义建设者和接班人的使命，同时班主任负有本班各科教育工作和沟通学校、社会、家庭教育之间的责任，在学生全面健康成长中起着导师的作用。班主任肩负着上传下达的责任，是学校德育教育工作的实行者和得力助手。

1. 班主任的任务和基本职责

班主任工作的任务：按照培养学生德、智、体、美、劳全面发展的教育方针，开展班级工作，全面教育、管理和指导学生，使他们成为有理想、有道德、有文化、有纪律、体魄健康的公民。

班主任的职责如下：

（1）调查研究学生情况。班主任要了解学生的家庭情况、思想品德情况、学习情况、身体情况以及个性心理特点、兴趣特长，做好家访工作。了解班级团、队组织，骨干队伍的组织和思想状况情况，并经常掌握发展动态。

（2）组织管理班级集体。班主任要依据教育方针、教育任务和学生实际情况制定本班集体建设的目标，建立班级常规，培养良好的班风，搞好班主任如下的日常组织管理工作：组织经常性的（可每周或隔周一次）班会课；组织学生参加全校、年级的活动；督促学生遵守《中小学生守则》《中小学生日常行为规范》和学校的规章制度；督促学生上好正课、早读、自习课，了解学生的学习情况和问题；了解学生的思想动态和心理特点、兴趣特长；与班委会、团、队干部讨论班级情况、问题和解决办法、措施；处理班内突发事件；阅看班级日志、学生周记等班内情况发展记录。

（3）教育指导学生全面发展。为提高学生的思想道德素质、科学文化素质、身体心理素质打下良好的基础，班主任要推进以下各项工作的开展：第一，教育学生热爱祖国，逐步树立为共产主义事业而奋斗的志向。第二，教育学生努力完成学习任务，帮助学生明确学习目的、端正学习态度，掌握科学的学习方法，不断提高学习成绩。第三，组织、指导学生参加学校规定的各种劳动和军训及社会实践活动。协助学校贯彻实施《学校体育卫生工作条例》，教育学生坚持体育锻炼，养成良好的劳动习惯、卫生习惯和生活习惯，保持身体和心理健康。第四，积极完成学校安排的其他临时性工作。第五，关心学生课外生活，指导学生参加有益身心健康的科技、文娱、社会活动。第六，鼓励学生发展有益的兴趣爱好和特长，开展心理健康教育，促进学生个性的健康发展。第七，强化对学生的安全教育，增强安全意识，及时消除班级安全隐患，争创安全班级，保证学生的人身安全、财产安全。第八，做好本班学生思想品德评定和有关奖惩的工作。第九，建立后进生档案，做好后进生转化和学生违法犯罪的监控工作。

（4）协调和沟通工作。班主任要负责联系和组织科任教师商讨本班的教育工作，协调各种活动和课业负担。联系本班家长和社会有关方面的支持、配合，共同做好学生的教育工作。

（5）日常工作事项。班主任要制订班主任工作计划，检查计划执行情况，做好总结工作，主要包括：第一，班主任计划要以教育方针为指导，贯彻落实学校教育工作的计划和要求要注意符合本班的实际情况和特点，要全面、具体、突出重点。第二，班主任要定期检查班主任工作计划的实施情况，通过检查发现问题，及时做出调整。第三，搞好学期、学年总结，通过总结，积累经验，找出工作规律，不断提高工作水平。

2. 班主任德育教育工作中存在的问题

从国家层面来讲，把党的教育方针和培养社会主义建设者和接班人的方针、政策、要求落实到教育目标的实现，都是班主任通过对每一个学生教书育人来实现的。通过大量繁琐的日常工作，在具体对学生的教育环境中，真正实现教育的目标，才能够真正实施素质教育。但是一些班主任在德育教育工作中出现了以下问题：①教育目标不够明确，缺乏整体配合；②班主任自身思想保守，观念落后；③德育教育内容过于单一；④管理制度缺乏完善的奖惩制度；⑤与学生缺乏交流或方式方法不当；⑥不能以身作则，为人师表。

3. 班主任德育教育工作改进措施探析

梁启超的《少年中国说》云："少年智则中国智，少年富则中国富，少年强则中国强，少年独立则国独立，少年进步则国进步，少年胜于欧洲，则国胜于欧洲，少年雄于地球，则国雄于地球。"班主任的德育教育关系着学生的思想政治素质的培养，更关系着我国的未来和中华民族的繁荣富强。为了适应新形势的变化，主要进行以下方面的探索和改进：①明确德育教育目标，多角度融合德育教育；②德育教育观念符合新时代新思想；③严于律己，为人师表，率先垂范；④制度完善，奖惩分明，人性化管理；⑤做事先做人，培养良好品格；⑥善于利用网络、学校、家庭和社会资源进行德育教育。

二、课外德育实践活动

课外德育实践活动是学校德育课堂教学的延伸性活动，是进一步深化教育教学改革，全面实施、推进素质教育的重要体现，通过形式多样的课外实践活动，使德育变得鲜活而富有生命力。学生通过参加课外德育实践活动，能获得许多课堂上学不到的知识、技能，有利于激发学生学习兴趣、发展个性特长、促进身心健康。学生还可以广泛地接触社会、接触自然，对于他们触摸生活的脉搏、拓展文化视野、形成高尚情操、提高适应力和应变能力都有着十分重要的作用。课外德育实践活动应该坚持以爱国主义教育为主线，以强化行为规范养成教育为重点，不断增强德育工作的主动性、实效性，形成全员、全方位、全过程参与的德育模式。课外德育实践活动主要包括校内和校外实践活动两个方面。主要是为配合课堂教育、为国家培养人才和社会发展的要求而开展的爱祖国、爱家乡、有责任、懂节约、知友爱、绿色和平、保护和继承传统文化等活动。校内外实践活动主要包括养成习惯教育活动，班团队教育活动，科技、文体活动，课外阅读活动，影视活动，家庭教育活动，参观考察体验活动等。

（一）养成习惯教育活动

养成习惯教育活动是中小学生最基本最重要也是必须长期坚持的德育实践活动。垃圾入桶、饭前洗手，这些都是我们在生活的一点一滴中养成的习惯，可以说"习惯"这个词渗透在我们生活的方方面面。心理学巨匠威廉·詹姆士（William James）说："播下一个行动，收获一种习惯；播下一种习惯，收获一种性格；播下一种性格，收获一种命运。"命运的力量是巨大的，如果是好习惯，将会终身受益。好习惯不是天生的，是一点点养成的，是一天天努力的结果。在我们走访的四川省蓬溪县教育体育局、各中小学了解到，按照教育体育局要求，各中小学按照蓬溪县中小学生日常行为习惯标准，根据本校实际情况编写《养成教育读本》，主要包括礼仪行为习惯、安全行为习惯、学习行为习惯、生活行为习惯等内容。每学期通过各种检查、各种活动重点集中抓两个行为习惯，长期坚持，把养成教育落到实处。

（二）班团队教育活动

班团队教育活动是学校德育课堂教育的重要补充，也是常规的一种德育教育方法。小学阶段主要抓新生入学教育、少先队、尊师重教、孝敬父母、爱集体、爱家乡、爱祖国、勤学习、学先进等教育活动；初中阶段是青春期的初期，主要抓新生入学教育、班会主题教育、理想信念教育、青春期教育、共青团教育、爱国主义教育等活动，把课堂德育落实到中小学生生活的方方面面。

（三）科技、文体活动

科技、文体活动是学生们非常喜欢的活动，通过寓教于乐把德育教育贯穿于学生喜欢的各种活动中。引导学生参加科技、文体等兴趣小组活动，参加学校科技节、艺术节和体育运动会等。

1. 小学低年级可以开展的活动

①组织开展泥塑、堆沙、航模等；②通过游戏节目，让学生学会传统游戏活动；③组织吟诗会，让学生会吟诵传统儿歌、诗词；④通过运动会比赛让学生初步培养竞争与合作意识。

2. 小学中年级可以开展的活动

①组织科学月教育，即读一本科普书、看一场科幻电影、讲一个爱国科学家故事、做一件科技小制作；②开展"继传统、爱祖国"教育，即让学生学习一种传统文化，如戏曲、书法、国画、剪纸、雕塑等；③组织好运动会，让学生在参与中学习体育健儿为国争光的优秀品质。

3. 小学高年级可以开展的活动

①抓好科技节，参观科技馆等，通过小革新、小制作、小设计、小发明使学生在科技节中动手动脑，学好一技之长，长大为国作贡献；②组织参观画展、博物馆了解中国传统文化的精髓；③组织参加一些音乐活动，希望学会一样乐器，能欣赏音乐。

4. 初一年级开展的活动

①开展各种文娱节目活动，组织学生参加卡拉OK演唱、形象设计、节目表演、诗词朗诵、演讲比赛等；②参加各种体育运动，学习锻炼技巧，通过体育比赛激发竞争与合作意识；③了解中国与世界的最新科技最

新成果，如观看励志影视节目。

5．初二、初三年级开展的活动

①组织开展各种形式的文体比赛；②中学风貌展现，体现中学生应有形象；③"家乡生态环境"调查，了解绿水青山就是金山银山的理念，养成爱护环境的好习惯；④各种形式的读书征文活动；⑤了解祖国传统戏曲文化，如京剧、沪剧、昆曲、川剧、评弹等；⑥了解科技最新成果。①

（四）课外阅读活动

课外阅读可以拓宽视野，开阔眼界，通过阅读可以了解到很多课堂上没有的知识，也可以养成自学、爱学习的好习惯。在不同的阶段可以看一些相应的书籍，配合教育教学，除了教育部规定的必读书目以外还可以阅读以下有关书籍。

1．小学低年级可以延伸阅读的书籍

《小英雄动画故事丛书》、《中国文学精粹丛书（低年级）》、《中国儿歌一千首》、《名人少年时代》（连环画）、《彩图成语故事》、《西游记》（连环画）等。班主任和家长可以开展导读、导思、导行活动。

2．小学中年级可以延伸阅读的书籍

《我爱五星红旗》《中国的世界第一》《少年英雄赖宁》《中国文学精粹丛书（中年级）》《中国现代少年英雄传》《中国当代少年英雄传》《少年毛泽东》《小学生漫游祖国》《彩图上下五千年》等。班级可开展书评、讲故事活动。

3．小学高年级可以延伸阅读的书籍

《国旗、国徽、国歌、版图、首都》《我是中国人》《中国文学精粹丛书（高年级）》《中国古代科学家的故事》《中国当代科学家的故事》《中国古代名著启蒙读本》《劳动人民的好儿子——雷锋》《小学生漫游未来》等。班级可以开展书评、讲故事活动。

4．初中阶段可以延伸阅读的书籍

（1）初一年级扩展阅读的书目：《中华子孙丛书》（10辑）、《伟人的足迹——毛泽东故事》、《红岩》、《西游记》、《水浒传》等。

---

① 《上海市中小学爱国主义教育实施方案（试行）》，《人民教育》1994年第6期，第4页。

（2）初二、初三年级扩展阅读的书目：《开天辟地》《中国古代科技名人故事》《中国现代科技名人故事》《模范人物故事》《中国革命伟人故事》《革命英雄故事》《近代八十年》《现代三十年》《和中学生谈心》《和少年朋友谈美》《雷锋故事新编》《中华传统美德故事》《共和国在我心中》等。

（五）影视活动

影视活动是通过观看革命战争故事片和爱国主义人物片让学生了解民族历史，培养爱国主义精神。

1. 小学低年级

配合教育教学，组织观看有关电影：《西瓜炮》《三毛流浪记》《闪闪的红星》《报童》《熊猫》《雷锋》等。

2. 小学中年级

配合教育教学，组织观看有关电影：《三毛从军记》《小兵张嘎》《啊！摇篮》《地道战》《上海风光》《狼牙山五壮士》《少年毛泽东》《董存瑞》等。

3. 小学高年级

配合教育教学，组织观看有关电影：《上甘岭》《南征北战》《烈火中永生》《林则徐》《桂林山水》等。

4. 初一年级

配合教育教学，组织观看有关电影，开展评论活动，如《火烧圆明园》《刘胡兰》《甲午风云》《李时珍》《革命家庭》《屠城血证》《聂耳》《万水千山》《黄果树瀑布》等。

5. 初二、初三年级

配合教育教学，组织观看有关电影，开展评论活动，如《辛亥革命》《南昌起义》《开国大典》《党的女儿》《创业》《海囚》《英雄儿女》等。

（六）家庭教育活动

家庭教育是孩子的第一课堂，也是学生教育中很重要的一个内容。学生回到家里也应该按照老师的要求和规范去参加各种活动，需要家长配合学校，按照老师规定的任务督促孩子完成任务，在德育教育中言传身教，帮助孩子健康成长。

1. 小学低年级

①让孩子了解父母的辛劳，知道父母对自己的关心和期望，孝敬长辈，自己的事自己学着做；②收集家里人所拍的祖国的风土人情照片，告诉孩子中国是一个地大物博的、拥有960万平方公里的、由56个民族组成的多民族国家。

2. 小学中年级

①与爷爷、奶奶比童年，了解中国的过去；②看看自己家的家用电器，体会今天生活的幸福；③让孩子知道父母的生日，教孩子会用尊称，能做的事自己做；④指导孩子观看新闻、法治等节目。

3. 小学高年级

①带孩子参观亲朋好友的企业（单位），介绍企业的变化及企业职工无私奉献的事迹；②了解家乡中为革命、为建设事业做出巨大贡献的先进事迹，并写出相应的日记或作文；③初步培养孩子对家庭的责任感，分担一点家务；④指导孩子观看爱国影视，阅读爱国书籍。

4. 初一年级

①带孩子游览祖国的名山大川，感受祖国的美；②要求孩子尊重长辈，分担家务，培养对家庭的责任心；③指导孩子观看爱国影视，阅读爱国书籍。

5. 初二、初三年级

①支持孩子接触社会、了解社会、认识社会；②关心孩子身心健康，指导孩子迈好青春第一步；③鼓励孩子积极上进，争取加入共青团。

（七）参观考察体验活动

参观考察体验活动让学生走出学校、进入社会，通过亲身观察和体会真实的社会，感受祖国的大好河山、祖国悠久的历史文化，培养爱社会主义、爱中国共产党、爱祖国的接班人。

1. 小学阶段低年级

①观察学校附近新貌，了解家乡的变化；②结合春、秋游活动，组织学生游览祖国名山大川，参观红色景点、博物馆等。

2. 小学阶段中年级

①参观社区的历史遗址、革命遗址和建设工程，了解家乡的光荣传

统，了解家乡的变化和发展；②学习英雄，参观瞻仰革命烈士纪念馆；③参加学校公益劳动及社区的社会服务队活动，如护绿、保洁、护盲、慰问孤老等。

3. 小学高年级

①参观和了解本地区的历史遗址、革命遗址、建设工程，了解家乡的光荣传统和变化发展；②参观了解我国优秀文化遗产，参观自然博物馆，了解我国丰富的自然资源；③祭扫烈士陵园，缅怀革命烈士的英勇牺牲精神，继承烈士的遗志。

4. 初中初一年级

①考察家乡的革命遗址、重点工程，了解家乡的变化和发展；②参观博物馆，了解我国社会发展和民族文化；③参加校内外公益劳动。

5. 初二、初三年级

①访问英雄模范、先进人物，学习他们的先进事迹，迈好青春第一步；②参观本地区的红色教育基地，了解革命战争年代革命英雄的光荣战斗事迹；③参加学校、社区的公益劳动和社会服务队活动。

三、校园德育文化环境建设

校园作为人类传播文化知识的主要场所，其景观有别于其他类型而具有自己的特征。校园环境包括自然、人文、社会等诸多因素，涵盖了校园物质形态与文化形态及其在校园空间中的表现。校园景观不仅具有丰富的文化内涵，具有巨大的潜在教育功能，更蕴涵着深厚的审美价值，担负起积淀学校历史、传统、文化和社会价值取向等重任。校园景观的营造应该使整个校园具有可识别性以及记忆性，突破千校一面的雷同局面。在校园景观的营造过程中需要考虑现代教育理念、地形、地貌、功能组织、人文要素等因素。综合利用各种景观手法来进行组织，使校园融生态美、艺术美、科学美和社会美于一体，创造流动、宽松、开放、富有个性，具有凝聚、激励和导向作用的景观环境，使师生产生强烈的归属感、责任感和自豪感，进而激发师生勤学敬业、团结拼搏、爱国爱校，陶冶师生情操，以满足当代人才的需求。

（一）研究中小学校园物质文化建设的意义

中小学校园物质文化建设研究具有多方面的意义：有利于完善校园文

化建设的内容，在建设过程中软、硬件有机结合全面建设，充分发挥校园文化的功能；探讨物质文化建设的内容和要求，可以使中小学校园物质文化建设的具体工作有明确的目标和方法，避免精神文化建设和物质文化建设"两张皮"的现象；有利于更好地实施基础教育改革，改善素质教育的环境、促进学生全面发展。

为了更好地开发、利用校园物质文化教育资源，必须树立和谐、整体的校园文化发展观念，以物质文化建设为基础、精神文化建设为核心；充分发挥教师与学生的创造潜能；突出学校自身的特色。这对于改善中小学校园物质文化环境、提高校园物质文化的教育功能、推进基础教育改革、促进学生全面发展有重要意义。

（二）校园文化建设现状

一些学校在学校教育中校园文化没有充分发挥作用或没有被充分地重视，甚至是回避或排斥。在校园文化建设工作中，不重视校园文化全面、整体建设的现象较为普遍。学校工作把校园文化等同于校园精神文化，注重精神文化建设的研究；把物质文化建设简单地理解为校园绿化或美化校园环境；注重校舍和设施等硬件的数量增加，不注重物质文化的建设。没有把物质文化和精神文化有机结合起来，形成整体、有效的校园文化。

（三）校园文化的内涵

从文化形态学的角度出发，可将校园文化分为物质文化、精神文化两个主要层次，物质文化包括校园建筑、自然环境、教育教学设施、人文景观、活动场所等方面。精神文化包括学校的文化传统、人文精神、办学风格、价值观念、规章制度、行为规范、道德约束、交往方式等。两种文化构成校园文化的整体，彼此联系、相辅相成、和谐发展。物质文化是载体，精神文化是核心。物质文化是整个校园文化的基础。

（四）学校校园文化环境的德育作用

学校校园环境不仅是在校学生取得优秀学习成绩的重要环节，也对形成他们积极的人生态度起到有利的促进作用，优秀的校园文化环境可以使学校的老师、学生、管理人员、家长及社会都从中获益，为各方都提供一个高效的学习工作沟通的场所。校园文化作为学校文化的缩影，具有导向功能、凝聚功能、规范功能，具有互动性、渗透性、传承性。物化的校园文化环境是学校空间中精神理念的载体，校园文化环境包含有学校规划结构，校园环境的绿化和美化，也含有学校教育的理念，是校园物质文化的重要组成部分。正如苏联教育学家苏霍姆林斯基主张的"让学校的每一面墙壁都开口说话""让学校的一草一木，一砖一石都发挥教育影响"，学校环境建筑设计要对校园的环境进行调整和改造，努力让学校的一草一木、一砖一石、一角一景都成为教育资源。通过陶冶教育法，即利用环境的教育因素，对学生进行潜移默化的熏陶和感染，可使其在耳濡目染中受到感化。

华中理工大学刘献君教授在《人类之治》一书中运用了一个精彩的类比：泡出来的白菜、萝卜的味道，取决于泡菜汁的味道；同样，不同学校育人的环境决定所培养出来的学生的素质也不同，这就是著名的"泡菜理论"。中小学有特色的校园文化环境是一种巨大的无声的力量，"随风潜入夜，润物细无声"，滋润着祖国的花朵，是最优秀的隐性课程。它如"润物细无声"的春雨，能以最深刻最微妙的方式进入学生的内心深处并产生深远影响。

在品德教育途径上，我国以往是注重课堂教学，而忽视校园文化的德育功能。品德教育不像知识和技能的学习，品德与发展是随着人的成长而逐渐形成的。当然，也需要通过教学的方式培养学生的道德认识，但是，品德的形成不是靠学生背诵了多少价值观和规范来衡量的，而是从学生的道德行为表现来判断的。学生如果知与行不一致或只知不行，这样的品德教育，诚然是失败的。通过教学进行品德教育的目的是让学生在生活中做一个有道德的人。但是，过分注重用灌输的方式进行品德教育，不注重学生的生活世界，将使教学与生活实际脱节，学生的品德知识无法指导品德生活。因此，从实际出发、从学生的生活世界出发的品德教育成了当前学术界热门的讨论话题，也会是我国未来道德发展的走向。

学校是学生学习和生活时间最多的场所，校园在某种意义上可以说成是一个"小社会"。学校可以从学生的校园生活出发，进行道德教育。校园文化作为学生生活的环境文化、群体文化，校园里的环境、人和物对学生品德的形成与发展有着重要的影响。因此，校园文化可以成为道德教育实施的重要资源。健康、生动的校园文化对于净化校园环境，抵制消极、腐朽思想的渗透和影响，抵制低级庸俗文化趣味和非理性文化倾向是有积极作用的，对于学生正确人生观、价值观的形成有重要影响，对于培养有理想、有道德、有文化、有纪律的中国特色社会主义事业的建设者和接班人具有深远意义。校园文化既能反映学校硬件建设和办学水平，又能体现学校内涵发展的精神底蕴。其作用是其他任何社会因素所无可替代的，它的各方面的因素或多或少，或显或隐地对学生道德中的知、情、意、行等心理活动产生潜移默化的作用。校园文化具有很强的德育功能，这种功能不同于课堂教学的显性教育功能，也不是用强制性的手段来使学生接受教育，而是通过非强制性的方式，让学生在丰富的校园文化生活中潜移默化地受到教育。因此，研究校园文化德育功能的实现机制，充分发挥校园文化的德育功能，我们的德育实效会有意想不到的提高。

（五）校园文化环境建设的德育功能

通过校园文化环境建设实现德育功能。校园环境是校园文化的最外层部分，也是学生看得见、摸得着的部分，包括学校中的各种硬件设施以及学生学习、生活的环境。物质文化能有意、无意地影响学生的思想和行为，陶冶学生的情操，规范学生的行为。并且校园文化环境对学生的影响是长期的、持续的，比教师灌输式的德育教育的效果要好得多。因此，学校要加强校园文化环境建设，以引领德育工作的发展，实现德育功能。具体可从如下两方面入手：

首先，要合理布置硬件设施，营造良好的校园环境。校园硬件设施的布置要集实用性和审美性于一体，既能让学生在校园环境中有舒适感，又能让学生受到持续的熏陶。校园内的一草一木、一砖一石的位置都要精心研究，烘托出知识性、艺术性和教育性的校园环境。例如要把校园公共区域进行责任划分，保持校园的整洁、干净，在显眼的校园文化墙上张贴出学校的文化或规章制度，而在校门口可以用大理石突出学校的校训等，通过硬件设施的合理布置来对学生进行品德的熏陶，实现德育功能。

其次，要有意识地利用硬件设施为德育提供服务。学校的有些硬件设施本身就包含德育功能，如图书馆、校史馆等，因此学校要充分利用这些设施实现德育功能。除此之外，学校还要有意识地利用硬件设施为德育工作服务。例如学校建立文化长廊，宣扬国内外优秀人物和事迹，也展示学校内优秀学生的事迹，鼓励和引导学生提高思想品德。同时，可以在教学楼、宿舍楼和图书室的走廊上张贴国内外杰出人物肖像和简介。除此之外，可以构建特色班级文化，因为学校是由一个个班级组成的，因此可以为每个班级制作一个班牌，里面的内容包括班级概况、班风等，以良好的班级舆论引导学生。①

第二节　家庭德育的方法

一、亲子教育

亲子关系一般是指家庭中长辈与幼辈之间的相互关系。亲子教育是家庭人际关系中最基本、最重要的人际关系，也是家庭教育的核心。亲子教育是以爱护未成年人身心健康、潜能开发、性格培养、习惯养成为目标，同时以提高整体综合素质为宗旨的家庭教育。在我国的亲子教育中，存在两种常见的亲子教育，一种是父母和子女的关系，一种是祖辈与孙辈的关系。良好的亲子教育对幼辈的身心发展起到很好的促进作用，而不良的亲子教育则会损害幼辈的社会性发展。

（一）不良亲子教育问题

造成亲子关系不良的原因是多方面的，它涉及传统文化、转型时期社会发展变化对人的冲击、父母本身的素质等方面的因素。尽管从系统论的观点看，现代亲子关系是一种双向互动关系，但由于父母在认知、行为、情感等方面的成熟和所扮演的社会角色，必然要求父母成为亲子关系的主导者，并在优化与改善亲子关系中发挥主导作用。因此，在分析造成亲子关系的不良现状原因时应主要将视点集中在父母一方。有研究表明，亲子关系主要受父母的各种因素制约，如父母的教育水平、经济状况、生活条件、思想和性格、教育子女的方法等，都起着很重要的作用。② 目前不良的亲子教育最突出的问题主要有以下几方面。

1. 在孩子成长中父母教育投入不够甚至缺失

父母是孩子来到这个世界的第一位老师，父母在孩子成长中各方面的投入都是必需的，特别是陪伴和爱的投入，对于孩子的健康成长、成才必

---

① 殷会玲、李目坤：《中学校园文化建设对学校德育工作的引领作用探讨》，《科学大众（科学教育）》，2017 年第 2 期，第 31 页。

② 潘菽：《中国大百科全书：心理学卷》，北京：中国大百科全书出版社，1991 年，第 224 页。

不可少。但由于父母对孩子教育的重视不够，投入的时间与精力往往太少，严重影响亲子沟通的进行。或因尚能指望爷爷奶奶管教孙辈，不愿承担孩子教育的重任；或因忙于工作，回家后也需休闲，未把与孩子的沟通与教育摆在重要地位；或因把打工赚钱摆在首要地位，以致未同时解决孩子教育问题，只有通过手机对话来遥控或暂托人代管，使得他们每天没有多少时间跟孩子在一起，有些甚至到外地工作，都不能形成良好的亲子教育。

完全的隔代教育当然是亲子教育的缺失，但大多数城市家庭的所谓隔代教育不在此内，因为在节假日里，年轻的父母还能给予孩子抚爱和教育，平日里还经常电话联系，或问寒问暖，或鼓励鞭策。西部农村很多孩子就没有那么幸运了，因为他们面对的是真正的亲子教育缺失。留守儿童现象在广大的西部地区非常普遍。"留守儿童"是指父母双亲长年外出而被留在家乡、需要他人照顾的未成年孩子。对于这些孩子，父母的抚慰和关爱、敦促和勉励竟也成了奢求！"留守儿童"问题已经成为我国基础教育面临的严峻问题。西部农村留守儿童中部分人常见的较严重的问题有：部分留守儿童经常逃课；不完成作业；乱花钱、挥霍、攀比；特别调皮，常违反纪律；懒惰，不讲卫生；沉迷于游戏；打扮奇异，不听劝阻；说谎，欺骗，小偷小摸；对批评无所谓；没有荣辱感，对自己失去信心；神经过敏，封闭自己，不与人交往等。亲子教育缺失与孩子问题行为高度关联，严重影响了孩子身心健康成长，导致儿童学业不良、品德不良和心理障碍，甚至犯罪，严重影响了教育质量。

2. 传统的子女教育观念使长辈与幼辈关系不平等

在家庭生活中普遍存在过分强调父母的权威性、忽视子女的主动性以及和亲子之间缺乏和谐、信任、理解、沟通、相互支持的现象。天津教育科学院的一项研究表明，"在我国城市初中学生的亲子关系中，严重奢望型父亲为 72.8%，母亲为 80.0%；严惩干涉型父亲为 54.4%，母亲为 66.9%；严重溺爱型父亲为 59.5%，母亲为 65.0%；父母教育不一致型为 36.7%。而这些不良的亲子关系对孩子的人格、心理健康以及学习、智力的发展都会造成严重的影响"[①]。

---

① 储召生：《充分发挥家庭的德育功能》，《光明日报》，2000 年 6 月 4 日。

实际上，无论奢望型、溺爱型，还是干涉型家庭，尽管从表面上看这些教育方式各不相同，甚至相互矛盾，但本质上是趋于一致的，是剥夺儿童的意愿，忽视儿童的选择，视儿童为私有财产，不考虑儿童的需求，以父母的想法代替子女的想法。①

3. 长辈自身文化素养的欠缺

家长的家庭教育能力偏低已经成为一个突出的问题。长辈文化水平不高，特别是祖辈，是一个方面原因，还有就是缺乏科学的教养方法是导致亲子教育问题的重要因素。很多家长认为养儿育女都是靠代代相传，不需要专门学习。首先，家庭教育经验化而非科学化，绝大多数家长没有接受正规的家庭教育科学知识的训练，对子女的教育知识来自经验。其次，家长对子女仅仅限于知识指导，而非品德塑造。重视知识的作用是我国教育的传统。有研究者将这种传统在教育中的表现概括为"小学是听话教育，中学是分数教育，大学是知识教育"②。而家庭教育的重点在于子女品德与人格的养成，但在家庭中，不少父母一是不能为子女作榜样示范；二是给子女灌输自私自利的观念，而不是引导子女与人合作、团结、协作；三是不给子女道德内化为品德的机会，不让子女有独立生活、选择、思考的机会；四是忽视了大众传媒对子女的影响，对大众传媒特别是电视，许多家长根本没有意识到要指导子女有选择性地接触。再次，家长缺乏科学教育子女的方法。简单地从主观愿望出发是许多家庭教育的共同特点，在家庭中，许多父母不懂得在父母意愿与子女需求之间寻求一个平衡点，而是要么偏向于前者，要么服从于后者，"缺乏对子女教育的深层次思考，在尊重子女、理解子女、规范子女、指导子女方面很多家长没有自觉的意识"③。

4. 对幼辈的要求无原则地关心与满足，或过于严苛

对孩子的欲求无原则地关心与满足，阻碍了亲子沟通。关爱孩子是父母的天性，也是教育的巨大动力。许多父母鉴于自己一生坎坷，决心让孩

---

① 范中杰：《论转型期亲子关系的转变》，《四川师范大学学报（社会科学版）》2001年第7期，第81页。

② 蔡克勇：《面向21世纪培养持续创新人才》，载自汪永铨：《面向21世纪我的教育观》（高等教育卷），广州：广东高等教育出版社，2000年，第9页。

③ 范中杰：《论转型期亲子关系的转变》，《四川师范大学学报（社会科学版）》2001年第7期，第84页。

子一生幸福不再吃苦，在人民生活普遍改善的今天也是合情合理的。但是，许多父母只重视对孩子的关爱与付出，却忽略对孩子的教育与要求，往往无原则地满足孩子出于相互攀比和追求时尚在生活和学习条件上提出的过高要求，久而久之便滋长了孩子羡慕奢华、贪图享受的习气，反而越来越难以满足他们日益增长的欲求了。

一些家长认为"棍棒之下出孝子"，对孩子的管教又过于严苛。今天我国大多数家庭不同程度地受到现代化生活方式的影响，但是在孩子的教育上不少家长仍比较保守、落后，甚至专制。他们不懂得尊重孩子，喜欢喋喋不休地说教，并以自己的好恶为价值取向和是非标准，为孩子制定一些行为规范或禁令，如不许看小说、不许上网聊天、不许打游戏、未经父母许可不得随意外出、少跟差生或异性来往、严禁早恋等，以此严防孩子行为出格，从不考虑这些规定是否合乎时宜、是否应征求孩子的意见。孩子必须听话，否则不是严厉批评就是棍棒伺候。他们信奉孩子的问题父母说了算，根本不懂得亲子之间更应当在思想情感上进行深入的沟通，讲求民主协商，一意孤行只会遭到孩子顽强的反抗或冷漠的抵制。

5. 对于青春期孩子的逆反心理不知所措

本来每个幼童的成长都要经历青春期过渡到成人，这是人的发展的一般规律，并不稀奇，但对缺乏经验的年轻父母来说，孩子青春期的到来则会使他们深感突然、陌生。如孩子与父母的关系一下子变得疏远，再不乖乖听话了，对父母刻意保密，对自己的生活志趣与交往表现出强烈的独立与自主，不愿父母随意干涉，碰上矛盾与问题，往往又不冷静、易冲动，表现出逆反情绪，甚至闯下出人意料的大祸。父母若暗中监视，偷看日记或信件，容易引起孩子的反感与对抗；若一味宽容、退让，又怕孩子失控、越轨；若强行禁止、压制，将会遭到孩子坚决抵抗，孩子对父亲的高压愤然宣称："我与你无法沟通。"青春期孩子往往使父母担惊受怕，不知所措，亲子关系一旦产生隔离，父母与孩子均感痛苦。[1]

（二）良好的亲子教育策略

1. 需要长辈明确自己在亲子关系中的角色

良好的亲子教育需要起主导作用的长辈，特别是父母首先需要明确自

———————————

① 李述永：《少年期亲子沟通问题探寻》，《教育研究与实验》2012年第5期，第39页。

己在亲子关系中的角色，既是引领者、支持者，更是陪伴者。父母不仅应是孩子的权威，还是孩子的朋友。作为孩子的引领者，就是要让孩子看到未来，帮助孩子走出现有的困境。当孩子需要家长的帮助时，家长应用自己的力量支持孩子去增长自己的力量，做孩子最好的支持者。美国发展心理学家亨利·哈罗（Henry Harrow）做了著名的恒河猴实验。实验表明，恒河猴的幼猴除了基本的饥饿、干渴等生理需求之外，一定还有一种要接触柔软物质的需求。孩子在成长过程中，家长应提供温暖而安全的陪伴，尊重他，给予他温暖，用平和的心态去陪伴孩子的成长，不断地变换自己的角色，不断地自我成长。[①]

2. 需要长辈丰富的人生阅历和教育经验通过言传身教帮助幼辈健康成长

父母特别是祖辈们在长期的社会实践中，积累了大量的社会经验和深沉的生命感悟，这些经历对抚养与教育孩子大有裨益。他们对孩子在不同阶段的身心成长状况比较了解，可以根据孩子在不同阶段的具体情况采取得当的教育方法以促进孩子的健康成长成才。当然还需要长辈在亲子教育中更新家庭教育理念，接受现代教育理念，坚持教育与爱护相结合的原则，既要小心呵护，也不能娇宠溺爱，使孩子成为明辨是非、识大体健康成长的社会人。

父母是孩子的生长环境重要的部分，孩子的成长是以父母为参照物的，父母需要做好示范作用。父母每天捧着手机还要求孩子不碰手机显然是不合适的。很多孩子都听家长说过这样的话："爸爸这辈子是没希望成为某某家了，就指望你了。"这虽然是家长对孩子的殷切希望，但是家长的这种言论是不行的，它一方面给孩子带来莫大的压力，另一方面时间久了反而激起孩子的负面情绪。有些父母有了孩子以后，就停止了追求自身梦想的步伐，将这种梦想在语言层面强加到孩子身上，这对构建和谐亲子关系是不利的，如果孩子的成长一直伴随着父母拼搏奋进的过程，这样的"身教"对孩子才是真正地促进，让孩子从中获得更多的启发。父母是孩子的一面镜子，孩子时时刻刻都在学习父母并从中对照着自己。作为父母一定要意识到这一点，时刻注意自己的言行。[②]

---

① 钱娟娟：《构建和谐亲子关系的原则和方法》，《科教文汇》2016 年第 5 期，第 109 页。
② 钱娟娟：《构建和谐亲子关系的原则和方法》，《科教文汇》2016 年第 5 期，第 109 页。

亲子关系主要通过态度改变、模仿、认同相互作用。美国心理学家阿尔伯特·班杜拉（Albert Bandura）认为观察是一种有效的学习方式，但不确定孩子能从观察中学到什么。父母的处事态度，与孩子代理监护人的沟通方式，对学习的理解与重视程度等所传递出的态度、价值观都会影响父母在孩子心目中的形象与地位，从而影响亲子关系的亲密度、孩子对父母的信赖度、童年生活的满意度。父母要留心自己的言行可能对孩子产生的影响，注意收集孩子反馈的信息，及时调整教育方式，有意识地控制教育的影响，尽可能用积极、乐观的方式来看待、理解、表达生活中的一切。多点爱少点怨，多点理解少点管教，多点指导少点指责。

3. 保持民主平等的亲子教育理念，营造幸福快乐的家庭氛围

随着时代的变迁，越来越多的父母对子女更重关爱和帮扶，尽可能满足孩子生活与学习上的诉求，但是父母对孩子的关爱、宽容与退让是有底线的，如果孩子的情趣与爱好、社会交往出格越轨，与家庭的期望与利益严重相悖，则仍会遭到家庭强烈的劝阻，只不过是换成一种"柔性"管控，以淡漠、断绝亲情和家庭关系迫使孩子就范。

可见，我们的家庭教育无论是刚性的或是柔性的，都有一个根本的缺陷，就是不懂得尊重孩子，不能民主平等地对待孩子，这就必然会与向往独立自主、追求民主平等和捍卫个人隐私及尊严的孩子发生激烈碰撞和对抗。因此，在亲子关系、亲子沟通上，作为父母应当根除不良的传统思想与专制的习性，注重尊重孩子，尊重孩子的天性发展和尊严，民主平等地对待孩子；随时关心孩子的境遇，认真聆听和考虑孩子的意愿，宽容地对待青春期孩子的冲动与失误，了解他们在交往中和学习中的困境与忧伤，多作亲切的启发性对话，切忌居高临下的说教与挖苦，热情而耐心地给予帮助或建议，在亲子沟通中始终要顾及孩子的情绪和诉求。只有注意建立民主平等关系，加强相互了解、协商与配合，才能提升亲子沟通的质量和家庭教育的效果。

不可否认，在大多数家庭中，孩子已成为家庭信息的主要来源，清华大学社会学教授郭于华就曾描述过："孩子得自于市场、广告、同龄人的

食物知识和信息，有时甚至超过长辈。"① 老人在许多方面胜过年轻人，这是不言而喻的，但在用电脑、玩手机等方面，年轻人必然胜过老年人。因此，在家庭教育中，针对知识交流方面发生的亲子互动是经常发生的事，家庭教育在知识传递上表现为亲子间的双向作用和影响。

我们还要重视营造一种充满关爱、乐观进取、和谐一致、奋发向上的家庭生活，要注重将营造生活和孩子的教育与个性发展联结起来，要使孩子参与、了解生活的过程成为他们经受教育和锻炼的过程，成为引导和促进他们人格成长的过程。这里的关键，在于抓好亲子沟通与教育，并通过亲子沟通来引导、激励孩子积极参与家庭生活与社会活动，从中了解父母苦心经营的目的追求，感受他们打拼的艰辛历程，领悟父母的辛勤拼搏与自己的幸福生活和学习的关系，明确自己在家庭生活与未来幸福中应尽的责任，从而自觉严于律己、奋发向上。既要保持母亲对孩子耐心、温和、细腻、无微不至、坚持不懈的爱护和诱导，也要加强父亲对孩子刚强、大气、勇猛、不畏艰难与风险、敢于拼搏与奋进的影响与示范，做到宽严结合、刚柔相济，以便使孩子在幸福快乐的家庭教育中苗壮成长。

亲子沟通实质上是在生活和交往基础上对孩子进行的"做人"或"成人"教育，旨在引导孩子认识生活世界，了解行为规范，通晓是非善恶，懂得道德价值，学会为人处世，使他们成为具有健全人格、符合社会需要的人。当然，亲子沟通也应配合孩子的学校教育，但其主要作用仍然是从如何引导孩子为人处世的角度，即从端正学习态度，尊重老师教导，虚心向同学求教，正确对待学习中的困难与挫折，善于发挥自己的聪明才智和主动性、创造性等方面去帮助与鼓励孩子。我们在亲子沟通中绝不可忽视孩子健全人格的培养，那就会使孩子误入智育第一、片面发展的歧途，迷失了正确的教育方向。②

4. 良好的亲子教育是一个系统工程，需要家庭、学校、社会多方面的共同努力

家庭教育、学校教育、社会教育共同构成我国教育的基本体系，三者之间处于相互联系、相互促进的关系。学校教育拥有现代的理念、适当的

---

① 郭于华：《社会变迁中的儿童食品与文化传承》，《社会学研究》1998 年第 1 期，第 37 页。

② 李述永：《少年期亲子沟通问题探寻》，《教育研究与实验》2012 年第 5 期，第 41 页。

目标、翔实的内容、健全的设施，在协助家庭教育，尤其是理论指导方面有良好的效果。社会有更庞大的群体、更深远的影响力，为此，社会应发动舆论、利用现代通信设施，更新人们对教育的认识，制定政策，落实教育制度；积聚力量，多方面支持教育，促进孩子的全面进步。家庭、学校、社会各就各位，各司其职，齐心协力，努力为孩子的健康成长创造适宜的环境，为学校教育和社会教育打下扎实的基础，促进社会有序和谐发展。

二、家风家规教育

家庭是社会的细胞，是一个人成长首要的和重要的场所，时刻影响着人们的日常行为和世界观、人生观和价值观。社会、国家是由一个个的家庭构成的，所以好的家风家规能促成好的社风、民风以及政风、党风，如果我们的每一个家庭都能有良好的家风家规，那么，我们的社会、我们的国家乃至我们中华民族的发展和进步，都将获得无比的力量和无尽的正能量。正如习近平同志在 2015 年 2 月 17 日的春节团拜会上所指出的："家庭是社会的基本细胞，是人生的第一所学校。不论时代发生多大变化，不论生活格局发生多大变化，我们都要重视家庭建设，注重家庭、注重家教、注重家风……使千千万万个家庭成为国家发展、民族进步、社会和谐的重要基点。"[1]

家风，通俗地说即家庭风气，它是"一种由父母（或祖辈）所提倡并能身体力行和言传身教、用以约束和规范家庭成员的一种风尚和作风"[2]。它既是一个家庭或家族的精神面貌、状态和特质，也是一种家庭教育的方式、途径和载体。从其内容而言，家风集中表现为一个家庭或家族共识性的价值观念、道德规范、行为习惯和生活方式等理念，并具体体现在该家庭或家族成员的日常言行举止和其家训、家书等方面。家风蕴含的家庭或家族的共识性观念，不仅可以称之为核心观念，更准确地说，它是一个家庭或家族的核心价值观。而一个家庭或家族的核心价值观的传承，需要其家庭成员的认同，这种认同的过程实际上就是家风的传承。家风的主要内

---

① 习近平：《在 2015 年春节团拜会上的讲话》，http://www. xinhuanet. com/politics/2015−02/17/c _ 1114401712. htm。

② 罗国杰：《论家风》，《光明日报》，1999 年 5 月 21 日，第 5 版。

容随着不同历史时期社会的变迁而变化，主要经历了"父子有亲，君臣有义，夫妇有别，长幼有序，朋友有信"用以处理人与人之间关系的"五伦"，到"仁、义、礼、智、信"用以规范和调整人伦关系的"五常"，到"礼、义、廉、耻"的"四维"，到最后的"以家为本"的八德"孝、悌、忠、信、礼、义、廉、耻"贯穿于家族成员生活的方方面面。家风大部分出自德高望重的长者和尊者即家族中的领袖，并随着当时社会环境的变化而变通和更正，需要指出的是封建社会制度宗法体系赋予了家族领导者的绝对权威。向内主要是为了形成具有家族精神的道德观念，约束和规范家庭成员的行为；向外主要是为了维护社会的稳定和封建统治阶级的统治。

家规，即"家法族规"，是由家族各成员经过一代又一代口口相传而来的，主要用以调整和规范族内和族外关系、为家族成员所共同遵守的行为规范。家规的主要内容涉及面比较广，可归纳为尊祖敬宗、孝悌真顺、敦亲睦族和勤俭修身四大方面，深受家本位和儒家学说思想的影响，强调个人修养的养成，对子女教导、"三纲五常"等事项，不仅只有建言、劝谕，大多也加之惩治办法，伦理色彩较重。[①]

家风家规规范着在家庭日常生活场景中的生活习惯、思维方式和言语行为，是家庭成员立身行事的规矩和标准。家风耳濡目染、潜移默化的熏育陶冶和家规对一个人行为的指导约束，对孩子的健康成长有着重大意义。良好的家风家规明确是非曲直和人生目标，规定应该做的、不该做的和不能做的，让孩子从中学规矩、知文明、懂礼仪、成人向善，在成长过程中萌生一种界限感，自觉自律自己的行为。在一个没有良好家风家规的家庭中成长的学生，缺乏立德成人、立身行事的成长环境和最基本的自我约束，在行为上自然会经常出现偏差。

优良的家风家规是学校德育功能上的有益补充，对于促进学生的道德成长无疑是一个有力的抓手和突破口。将家风家规教育融入学校现行德育体系之中，促进学生在家守规、在学校守纪、在社会上守法，通过家风树正风、促学风、清校风，收到"风吹草仆，相率从善"的德化效果。

人的成长不仅在肉体上需要父母的养育，在精神上也需要父母的养育。"孟母三迁"是孟子母亲为了对孟子进行正确的道德教育，而多次选择适于居住与教育的环境；"岳母刺字"则是岳飞母亲直接以刺字在身的

---

① 焦科慧：《家风、家训和家规内涵探析》，《新西部（理论版）》2016年第36期，第7页。

形式教导岳飞要精忠报国。家庭自古以来就是德育的重要主体。

（一）家风家规存在的主要问题

现实生活中，孩子对家风家规"一问三不知"的现象颇为普遍，有些家庭即便有比较明确的祖传家风家规，也很少当成一件正事在家里被重视起来；很多家庭的家风家规不够明确、具体，难以遵从；有些家规不仅脱离孩子成长发展实际，甚至有明显的导向性错误，贻误孩子的健康成长。家风家规教育的主要问题包括家庭对家风家规的轻视、家风家规优良传统内容被忽视、家风家规德育功能被淡化、家风家规的践履状况不理想。

1. 家庭对家风家规的轻视

"目前大多数家长认为家庭教育非常重要，但是普遍关注子女的知识获取和学习成绩，对子女的道德教育关注较少，家庭德育意识不够强。"[①] 家长对家风家规教育的意识不够强，没有将家风家规教育作为家庭教育的重点来实施，也表明了学校德育在某种程度上忽略了家风家规教育的潜移默化作用。正是由于家庭对于家风家规教育的轻视和学校德育对家风家规引导上的缺位，使得初中生也更多地关注自己的学业成绩而忽略家风家规对自身健康成长的重要作用。

2. 家风家规优良传统内容被忽视

在中华民族 5000 年的历史长河中积淀了丰富的家风家规的优良传统。"其一，诚实为人、本分守己、诫禁贪欲；其二，勤勉做事、劳而有获、耻于怠惰；其三，敬孝尊长、敬畏先祖、祠墓当重；其四，善交益友、善待他人、和睦共处；其五，明志淡泊、刻苦历练、建功立业；其六，守责家国、勇于担当、忠诚于事。可以说，优良家风汇集了千家万户中国人善良正直的价值取向，凝聚着社会道德的正能量。不论门第贵贱，不论后辈多寡，这种价值观的传递始终是家庭或家族源远流长的精神命脉。它像一根纽带，连接着一代又一代家人承前启后、继往开来。从这些共性价值观中，我们感受到的是其深藏于内的传统美德的魅力。"[②] 这些优良传统内容不仅能够促进子女的成长成才，培养他们正确的人生观、道德观等，还

① 王志强：《当代中国家庭道德教育研究》，杭州：浙江大学出版社，2013 年，第 176 页。

② 陈桂蓉：《中华传统文化是家风建设的"根"和"魂"》，《福建日报》，2017 年 4 月 18 日，第 9 版。

有助于和谐家庭的建设，推动社会主义和谐社会的构建。然而，当前随着市场经济的快速发展，尤其是随着人们物质水平的提高和消费主义思潮的影响，一些小家庭不再注重"勤俭"等优良的家风传统，反而逐渐陷于被"消费"乃至"拜金"等物质甚至物欲的内容，家规的优良传统内容渐遭忽视。

3. 家风家规德育功能被淡化

家风家规作为中国传统文化的重要表现形式之一，深刻地体现着中国悠久历史传统文化的精髓，同时也饱含着丰富多彩的思想道德教育内容，在塑造人的道德品质，树立正确的世界观、人生观、价值观上发挥着巨大作用，对现代学校德育改革与创新有着重大意义。当前一些家庭成员对其家庭的核心价值观的认同度不高，传承家风的自发性和自觉性日益减弱，家风的传承日趋淡化。这种趋势突出地表现在家庭德育功能的弱化。父母在家风家规教育上的力度不够，言传身教做得还不够好，而父母的言传身教对孩子有着更多潜移默化的影响，反映出家风家规德育功能被严重忽视的状况。由于家庭没有制定具体的家风家规内容和学校德育也很少涉及家规家风的内容，导致家风家规教育并没有具体的操作实施要求，最终造成孩子不知从何做起，对家风家规的认识很难深刻。

4. 家风家规的践履状况不理想

很长一段时期以来，学校德育过多地用单一灌输方式来进行思想道德教育，学校德育的目标过多地聚焦在理想目标上，在某种程度上忽视了通过家风家规教育促进学生良好行为习惯的养成，这必然导致学生在践履家风家规方面的不佳状况。另外家风家规在制定过程中存在不合理、不公平，内容上不符合学生成长发展实际，以及一些学校忽视通过家风家规教育促进学生良好行为习惯养成等综合因素，导致了学生在家风家规践履方面的弱化。

（二）培养优良家风家规的方法及对策

习近平总书记对当前家风建设有重要论述："不论时代发生多大变化，不论生活格局发生多大变化，我们都要重视家庭建设，注重家庭、注重家教、注重家风，紧密结合培育和弘扬社会主义核心价值观，发扬光大中华民族传统家庭美德，促进家庭和睦，促进亲人相亲相爱，促进下一代健康成长，促进老年人老有所养，使千千万万个家庭成为国家发展、民族进步、社会和谐的重要基点。"① 培养优良的家风家规主要可以从以下几个方面入手。

1. 家长应重视学习优良的家风家规内容

一方面，家长应辩证继承优秀传统文化，尤其是优良传统家风的内容。在古代大多数家庭都有各自不同精神特色的家风，其中的优秀内容在当前仍然具有现实意义，值得我们去学习，需要我们去坚守。如在人生观方面主张的"立志""自强"，在道德观方面提倡的"孝悌""勤俭"，在成才观方面倡导的"学业""立业"等，这些内容都值得现代家庭的父母有所辨别地继承和学习，以此为内容教育子女遵守优良的道德规范和养成高尚的品德修养，从而形成优良的家庭风气。

另一方面，家长应注重传统家风的现代性表达，特别是应结合社会主义核心价值观的内容。因此，我国现代优良家风的建设要以社会主义核心价值观为指导，结合青少年成长特点充分吸收社会主义核心价值观的内容。家长在优良家风的培育中，应当着重将社会主义核心价值观的"民主""和谐""自由""平等"等要求纳入家庭的氛围塑造之中，且其自身在努力践行的基础上，培育子女"爱国、敬业、诚信、友善"的道德品质。

2. 家长通过言传身教传承家风家规

家长应领会"言传"和"身教"的实质要点。"言传"和"身教"各有其特点，家长应当区分理解，把握方法。现代家庭的家长在运用"言传"的方法时，应注意民主、平等以及严慈相济的沟通交流方式，而非一味地将子女当成私有财产非打即骂，亦非将子女当成"小皇帝""小公主"一样溺爱不止。在日常言语上，家长应做到以褒为主，以斥为辅；以慈为主，以严为辅，如对待子女的过错要在把握度的基础上做出必要的训诫。就"身教"而言，家长应在子女面前树立良好的榜样，以自身的行为充当子女学习的对象。因此，在日常教育中家长应时刻规范自身的言行举止，做到言行一致，努力成为子女的表率。孩子的世界观与人生观还没有形成，其所有的行动都处于一种对大人的模仿期，而家长是孩子接触最亲密

---

① 习近平：《在 2015 年春节团拜会上的讲话》，http://www.xinhuanet.com/politics/2015-02/17/c_1114401712.htm。

的主体，其一言一行都会对孩子产生非常重要的影响。因此，家长在日常的生活中必须以身作则，只有这样孩子才能逐步养成良好的生活习惯。比如说家长在家待人接物要有礼貌，不说脏话；彼此之间相亲相爱、和睦相处；在日常生活方面要勤俭节约不浪费。这样一来，孩子才会在慢慢的学习之中不经意间养成良好的生活习惯。

3. 加强学校德育对家风家规的正确引导

学校德育历来对学生的思想道德教育起着主导作用。重视家风家规教育是现代教育发展的内在要求，也是提升学校德育有效性的关键。而学校德育建设应该根据现代家庭的现实状况，承担起教育和引导家长的义务，让家长参与学校德育建设，监督学校德育建设，使得家长在学校环境的影响下再通过潜移默化、耳濡目染的方式，不断完善、优化家风家规的教育方式，从而形成良好的家风家规，以此促进家庭教育与学校德育的主动配合，提高家长教育子女的水平。

学校德育不仅要主动与家风家规教育配合，还可以通过"家长学校""家访"等方式来发挥自己对家风家规教育的引领作用。同时，学校教师在家风家规知识的学习和传授过程中，应采用"润物无声"的方式，把丰富的家风家规内容传递给学生，潜移默化地培养学生正确的情感、态度与价值观，帮助学生对伦理行为的是非、美丑等做出价值判断，从而选择正确的道德行为。

4. 开展学校社区道德模范、文明家庭评选活动

学校是思想道德教育的主阵地，可以通过各种途径提升学生的思想道德素质，除了德育课堂教育、主题班会、各种文体活动以外，还可以在每年评选先进时专门设立道德模范奖项，大张旗鼓地宣传和学习道德模范。

"家庭文化在社区文化建设中发挥着非常独特的作用，尤其是对广大青少年的思想文化发挥着教育、引导和熏陶作用。"[①] 同样，一个好的社区风气，能够辐射周边、影响社区中的小家庭。因此，对家庭进行引导，对优秀模范家庭进行展示，提倡具有正能量、正效应的邻里互动，有助于增强小家庭对于社区的认同感，也有助于社区风气的优化。具体地看，社区居委会应当组织评选不同特色类型的优秀家庭，树立社区文明家庭模

---

① 马奇柯：《城市社区思想政治教育机制研究》，华中师范大学，2006年，第93页。

范。通过对文明家庭幸福生活的描述，倡议社区邻里向模范家庭学习；同时，居委会也可以选择社区中的反面家庭教材，揭示不良家庭文化的负面后果以起到警示和教育的作用。

三、自我教育

（一）自我教育的内涵

所谓自我教育，顾名思义，就是指个人把自我作为教育对象并依据一定的规范、自觉主动地自我认识、自我调控，不断矫正自己的目标，激励自我向更高的境界攀登，最终实现自我超越、塑造完善人格的活动。教育由学校教育、社会教育和家庭教育构成。学校教育在教育体系中起主导作用，而个体的自我教育则是以上三种教育发挥作用的基础。在人的发展和教育的发展过程中，始终伴随着自我教育和自我管理。自我教育和自我管理是自我意识能动性的集中表现，是人成熟的重要标志，是自我完善的重要手段。没有自我教育的教育，是不完全的教育；没有自我管理的管理，是无实效的管理。因此，探索自我教育和自我管理的规律，对于教育的改革和发展，增强教育的实效，促进人的现代化，具有深远的意义。

（二）自我教育的主要方法

自我教育的主要方法有六种，即自学、自识、自控、自检、自理和自奖。对中小学生自控能力的培养，家长和老师都有责任本着由易到难、由简单到复杂、由短时间到长时间、由课内到课外、由小事到大事的顺序进行，学生可按照这六种方法一项一项有目的地进行训练，也可以几项训练同时进行。总而言之，人的良好行为习惯的养成绝非一朝一夕的事。中小学生自我教育的形成也绝不是一蹴而就的，它需持之以恒才能见成效，只要我们广大教师和家长勤动脑筋，多想办法，真心奉献爱心，中小学生的自我发现、自我认识、自我教育、自我完善的目标就一定能够达到。

现代德育是教育者与受教育者共同参与的过程，是在教育者的组织下，教育者的启发、引导、指导与受教育者认知、体验、践行相结合，是教育者与受教育者相互教育与自我教育相结合，教学相长、品德共进的活动。[①]

---

① 班华：《现代德育论》，合肥：安徽人民出版社，2001年，第13页。

现代德育是发展性德育，应把培养、发展受教育者道德思维、道德判断、道德践行能力放在重要地位。要提高受教育者的道德认知能力、道德判断能力、道德选择能力、道德实践能力，培养受教育者主体自我教育的愿望、能力、习惯。

（三）学校德育教育转化为学生的自我教育

首先，要提高受教育者道德认知水平。道德判断、道德选择、道德践行能力的培养均离不开科学理论的指导。我们要高度重视中小学品德课的教学。要加强马列主义、毛泽东思想、邓小平理论的教育，加强"三个代表"重要思想及科学发展观的教育，加强习近平新时代中国特色社会主义思想教育，加强爱国主义、社会主义、集体主义教育，加强科学的世界观、人生观和价值观教育。同时，我们要与时俱进，转变教学思想与方法，通过搭建师生互动平台，鼓励学生讨论、质疑、争辩，从而加深对道德问题的理解与认识。

其次，要把握学生真实而合理的需要。只有满足需要，才能调动人的潜能。如果没有受教育者的道德需要，教育者所传达的道德规范便不能转化为他们的道德信念，进而外化为道德行为。所以教育工作者就应充分了解学生身心发展，发掘学生的真实需要，并对学生的真实需要进行科学分析，满足其合理需要，使之产生强大的内驱力与约束力，并使之不断转化和升华，产生自我实现的愿望，进而引起强烈的内心情感体验。也就是在教学过程中将道德内容与学生需要结合起来，力求从理论与实践上去回答，解决学生所关心的问题，使中小学生感到道德要求与规范不是学校、他人强加的，而是实现自身根本利益的需要，从而扎根学生的心田，产生教育的共鸣，产生良好的教育效果。

再次，不断强化、提升学生的尊严感。自尊感即自我尊重、爱护，并期望受到他人、集体、社会尊重与爱护的情感体验。这种自尊感是一种催人向上的原动力，是一种自觉自我约束并与进取心相联系的积极的心理品质。它是能引起道德主体接受教育并能动发展的自觉性和主动性。而凡是对集体有义务感和责任感的人，总能为集体做出贡献，从而获得集体的承认。这种承认会提升人的尊严感，从而获得深刻的精神满足，进而唤起他们对一切美好事物的向往和追求。老师一句真诚、中肯的表扬，往往能影响一个孩子的一生。教育工作者要尊重学生人格，对任何学生的一切进步都要进行适时、适地、适度的肯定和表扬，坚决杜绝体罚和变相体罚学生的恶劣行径。

最后，突出道德教育的实践性。德育过程的本质是在价值引导的情境中德育学习主体的自主建构。学生的主体作用、自身的实践活动水平是学生道德发展方向、层次的决定性因素。

促进受教育者的自觉实践是道德教育的出发点和归宿。只有在道德实践中才能修养德性。一场运动会、一次文艺汇演能使一个班集体的凝聚力骤然增强；一场英模事迹报告会能震撼心灵，催人奋然前行；一次"爱心接力"能使学生体味到爱的伟大、社会的进步、人类信仰的崇高。教育者精心组织、受教育者主动参与的道德实践活动，能使受教育者产生认知与情感的交融、理性与感性的激荡，使受教育者内心受到震撼，心灵受到洗礼，打上烙印，从而经久难忘，甚至历久弥新。总之，在充分发挥教育者主导作用的前提下，努力培养学生自我教育的能力，一定能开拓我国基础教育德育工作的新局面。

（四）家庭教育转换为孩子自我教育

在家庭教育中，如果父母特别注意培养孩子的独立性与自主性，对孩子自我控制能力的培养是有帮助的。同时在一个家庭中，父母比较注重孩子的意愿以及尊重孩子的意愿，也会培养孩子的自我控制能力。反之，一个家庭里，父母总是为孩子做决定，就会剥夺孩子的自主性与独立思考问题的能力以及自我解决问题的能力，这样，孩子的自我控制能力也就不高。所以，家庭教育对孩子自我控制能力的发展也能发挥一定的作用。家长对孩子公正、客观的评价有助于孩子正确地认识自己，知道自己的优点及不足之处，然后在进一步的努力中，去改善自己的缺点，从而获得进一步的发展。

自信对于中小学生的发展是相当重要的。也可以说，自信是孩子成长道路上不可或缺的一种心理状态。家庭教育对孩子自信心的培养方面起着至关重要的作用。如果在一个家庭里，父母对孩子采取的是鼓励性教育，在各个方面都比较注意培养孩子的自信心，那么这个孩子的自信发展也会与别人有所不同，孩子在做任何事情的时候都是有自信的。因此，也可以说，父母在家庭教育中所采取的方式对孩子自信心的培养与孩子自信心水平的提高以及孩子自信心的发展有重要关系。

家庭教育作为大教育的一部分，对中小学生的自我教育、自我意识的发展具有极其重要的作用，不仅会影响到中小学生对自己正确、客观的评价，而且会影响到中小学生自信心的培养以及自我控制能力的提高。

第三节　社会德育的方法

一、朋辈德育

（一）朋辈德育的内涵

少年儿童由于思维发展水平的限制，经常对朋辈群体的行为进行模仿，以得到朋辈群体的接受和认可。在商务印书馆出版的《现代汉语词典》（第 7 版）中，"朋辈"解释为：同辈的朋友。其英文表述"peer"在《牛津高阶英汉双解词典》中解释为：同等的人，同龄人。可见，"朋辈"含有"朋友"和"同辈"之意，年龄层次相近、具有共同语言的人聚集在一起，形成朋辈群体。这一群体通常有共同的兴趣点、价值观和生活方式，借助朋辈群体的平台分享信息和观点，而达到影响和改变教育对象思想和行为的教育方式则被称之为朋辈教育，也叫朋辈德育。

所谓朋辈教育，是"指教育者充分发挥伙伴的作用，及时进行思想、心理的交流和沟通，借以互相促进、共同成长的教育方式"①。朋辈教育最大的优势就是拉近了教育者与受教育者的距离，以朋友间谈心聊天为常见手段，减少了受教育者的心理抵触情绪，使教育过程轻松化，使受教育者更容易被触动和感染。

（二）朋辈德育的作用

朋辈群体是少年儿童个人成长发展的重要环境因素，甚至可以超过父母和教师的影响。近朱者赤，近墨者黑。朋辈中的模范群体、先进典型对于中小学德育教育更具有针对性和实效性，因为大家觉得距离很近，可亲、可爱。用身边事、身边的人、身边的典型更具说服力和感染力。

中小学德育教育利用朋辈教育是对现行教育手段的重要补充，可以利用朋辈教育扩大德育教育的范围，优化学校德育教育的内容，提升学生主

---

① 姚斌、刘茹：《高校朋辈心理咨询实践中的问题与对策》，《教育探索》2008 年第 9 期，第 78 页。

动接受教育的积极性，还能及时发现学生中存在的各种问题及隐患，有利于提升学生自我管理自我教育的能力。

（三）朋辈教育的方法

中小学德育教育利用朋辈教育的主要方法有：学校、老师可以有意识地培训部分各方面优秀的学生或学生干部进行朋辈教育；针对需要特别关注的学生；利用高年级与低年级的交流；注意老师和学生的沟通与反馈，及时发现问题，尽量避免副作用，不能让学生感觉某人在打小报告；平等对话，鼓励为主，教育为辅；形式和内容多样性，可以面对面、写信、QQ、微信、微博甚至一起玩游戏等方式交流。

二、社区德育

（一）社区德育的内涵

陶行知先生说"生活即教育""社会即学校"。社区丰富的德育资源已成为学校教育的重要资源，其潜在的教育功能已被越来越多的教育工作者认可。《中小学德育工作规程》强调，中小学德育工作"要注意同家庭教育、社会教育紧密结合，积极争取有关部门的支持，促进形成良好的社区育人环境"，"要通过建立家长委员会、开办家长学校、家长接待日、家长会、家庭访问等方式，帮助家长树立正确的教育思想，改进教育方法，提高家庭教育水平"。根据规程的精神，家庭、学校、社区一体化德育是中小学德育工作的重要内容和基本任务。

社区是具有某种互动关系和共同文化维系力的人群共同体及其活动领域。它不是一个单纯的地理概念，通常指的是县（含县级市、区）以下行政区划的区域性小社会，带有较强的共地性、共生性，"甚至呈现出生活方式、行为规范和习惯的共同性和相似性"①。在人与社区的互动过程中，教育发挥着积极作用。社区德育是社区中小学校、家庭以外的教育组织、文化机构、社会团体根据一定社会的要求，借助社会控制手段对其成员（尤其是青少年）施加影响，进行思想、政治、品德、纪律、法制和心理健康教育。

---

① 宋春宏：《比较德育新论》，重庆：西南师范大学出版社，1999 年，第 145 页。

（二）社区德育的主要内容

社区德育的主要内容是思想、政治、品德教育以及法制、纪律、心理健康、审美教育等，立足点在于青少年思想品德的形成和转化；社区思想政治教育内容涵盖更广，主要着眼于统一思想，凝聚人心，把党的路线、方针、政策化为群众的自觉行为，最终实现党的政治目标。社区德育是一项社会系统工程，它不仅涉及德育方针、原则、内容、途径和方法，还包含了教育者和被教育者与德育环境相互作用的关系。在德育系统整体运行过程中，家庭德育是基础环节，学校德育是关键环节，社区德育是基本保证。学校德育、家庭德育、社区德育构成德育的三大支柱，缺一不可。三者相互渗透，彼此依赖，你中有我，我中有你；既相对独立，又可统一，既相互制约，又互为促进，以其目标上的一致性、内容上的相似性、途径和方法的互补性构成一个完善的德育运行系统。

三、网络社会德育

（一）《中国互联网络发展状况统计报告》

据第 44 次《中国互联网络发展状况统计报告》，截至 2019 年 6 月，我国网民规模达 8.54 亿，较 2018 年年底增长 2598 万；互联网普及率达 61.2%，较 2018 年年底提升 1.6 个百分点；光纤接入用户规模达 3.96 亿户，居全球首位。建设网络强国是中国互联网发展的核心词汇。我国手机网民规模达 8.47 亿，较 2018 年年底增长 2984 万；网民使用手机上网的比例达 99.1%，较 2018 年底提升 0.5 个百分点。与五年前相比，移动宽带平均下载速率提升约 6 倍，手机上网流量资费水平降幅超 90%。"提速降费"推动移动互联网流量大幅增长，用户月均使用移动流量达 7.2GB，为全球平均水平的 1.2 倍；移动互联网接入流量消费达 553.9 亿 GB，同比增长 107.3%。

截至 2019 年 6 月，我国即时通信用户规模达 8.25 亿，较 2018 年底增长 3298 万，占网民整体的 96.5%；手机即时通信用户规模达 8.21 亿，较 2018 年底增长 4040 万，占手机网民的 96.9%。

在线教育应用稳中有进，弥补乡村教育短板。截至 2019 年 6 月，我国在线教育用户规模达 2.32 亿，较 2018 年底增长 3122 万，占网民整体的 27.2%。2019 年《政府工作报告》明确提出发展"互联网＋教育"，促进优质资源共享。随着在线教育的发展，部分乡村地区视频会议室、直播录像室、多媒体教室等硬件设施不断完善，名校名师课堂下乡、家长课堂等形式逐渐普及，为乡村教育发展提供了新的解决方案。通过互联网手段弥补乡村教育短板，为偏远地区青少年通过教育改变命运提供了可能，为我国各地区教育均衡发展提供了条件。特别是 2020 年初发生的新型冠状病毒肺炎疫情催生了在线教育的进一步发展，使得学生在特殊时期"停课不停学"。2 月 17 日，国家中小学网络云平台正式开通，全国近 1.8 亿中小学生在家上课，互联网战"疫"成绩显著，通过线上线下教育丰富了教育教学方法。中国互联网行业整体向规范化、价值化发展，同时，移动互联网推动消费模式共享化、设备智能化和场景多元化。

截至 2019 年 6 月，互联网网民男女比例为 52.4∶47.6；"80""90后"中青年是网民的主力军，"00 后"青少年也逐渐成为新生力量，其中 10~39 岁占上网人数的 65.1%。在传统 PC 时代，每个人每周平均花在互联网上的时间是 2.5 个小时；在智能手机时代，每人每周在线时间是 20 小时以上，2019 年上半年我国网民人均每周上网时长为 27.9 小时。美国微战略公司董事长迈克尔·塞勒（Michael Saylor）指出："农业革命把人类从游牧部落变成城市居民，并为诸如希腊和罗马等大城邦的兴起奠定了基础；工业革命带来了我们今天所看到的现代机械化经济；接下来，移动革命将改变商业运作的方式，它将改变整个工业以及它所推动的经济。"[1] 互联网时代带来全新的生活方式和教育模式，对思想政治教育工作提出了新的挑战，国内外相关机构和学者做了相应的方法探讨，对提高中小学生思想政治教育能起到一定的指导作用。

（二）网络文化是把"双刃剑"

随着移动互联网的到来，青少年几乎人手一部智能手机，在新的时代背景下，以网络和移动互联网为载体的新兴媒体日益成为思想、信息和社会舆论的主要集散地，尤其是微博、微信、QQ 等社交媒体的兴起，使社会舆论形成、发展的内在机制和基本形态都发生深刻变化，"人人都是通讯社""个个都是麦克风"的社会图景已经呈现在我们面前。在此背景下，青少年的思想空前活跃，有着很强的话语能力。他们是接触网络最广泛的

---

[1] 迈克尔·塞勒：《移动浪潮：移动智能如何改变世界》，北京：中信出版社，2013 年，第 245 页。

群体，网络在改变他们学习、思维和生活模式的同时，也影响他们的思想态度、价值取向和人格养成。这迫切要求我们加大思想政治教育工作创新的力度，更加讲究策略和方法，不断提高意识形态工作的科学化水平。[①]

开放的网络世界、多彩的网络文化，给中小学生提供了一个新的生存发展空间。网络文化对学校德育产生了积极的影响，对学校德育工作有一定的促进作用。信息网络为德育工作提供了丰富的资源，而且提供了无限的时间和空间，极大限度地缩短了人们之间的时空距离，也就极大限度地延伸了德育工作的时间和空间，人们可以通过网络最有效地实现资源共享。

网络信息集知识与娱乐于一体，为人们所喜闻乐见，而且信息容量大，为青少年提供了最为丰富的信息资源。开放的网络环境有助于中小学生自主意识的高度发挥。在网络上没有中心、没有层次、没有上下级关系，有的只是设备和技术上的差距。每个网民都是独立的主体，可以最大限度地参与信息的制造和传播，所以，一定意义上网络对中小学生追求民主、自由、平等的价值观起着促进作用。

当然，网络文化是把"双刃剑"，它对中小学生的影响既有积极的一面，也有消极的一面。从积极的方面来说，网络改变了中小学生的学习方式，利用了碎片化的时间，随时随地随需获取学习内容，学生可以通过网页、电子书籍、在线学习等方式获取大量的知识和信息；互联网的即时通讯工具如微信、QQ、微博等，方便快捷，加强了与亲朋好友之间的沟通和交流；上网、玩游戏、看视频等功能也在一定程度上丰富了中小学生的课余生活。但从消极的方面来说，占用大量时间娱乐、休闲、浏览各种信息等使学生无法专注于学习，自控力差的更是如此，在学习上遇到问题或写课下作业时，也会在网上直接搜索答案，这就导致部分学生产生不爱学习、依赖网络的习惯。有些学生网上交流的时间甚至超过现实生活。互联网时代带来全新的生活方式和教育模式，对中小学德育教育提出了新的挑战。

随着越来越多的中小学生逐渐接触和深入网络空间，道德失范现象日趋突现，对传统的学校德育教学形成挑战。网络世界冲击中小学生的思想

---

① 罗万勋：《移动互联网时代青少年思想政治教育工作方法初探》，《西南科技大学高教研究》2015 年第 19 期，第 15 页。

意识，对其正确的人生观、价值观和世界观的形成构成潜在威胁。互联网是一张无边无际的"网"，内容丰富，但良莠不齐，缺乏有效监管，不良信息大量存在，势必会使他们头脑中沉淀的中国传统文化和主流意识形态受冲击，使价值观扭曲，不利于健康成长。真假难辨的网络环境弱化中小学生的伦理道德，造成道德意识淡薄。

（三）互联网时代中小学德育教育的创新方法

网络时代，学生的思想更加开放、更加活跃，再用传统的老办法，纯粹的说教和灌输的方式解决其思想认识问题，很难起到德育教育应有的作用，我们必须树立"以学生为主体"的理念，探索一条行之有效的德育途径。网络越来越成为中小学生不可缺少的活动场所，也成为德育教育的重要阵地。如何在新形势下提升德育教育吸引力和实效性，给广大教育工作者提出了新的挑战。

我们原来的课堂灌输的教育方法已经不能完全满足时代的变化，需要我们创新教育的工作方法和思路，在借鉴西方发达国家经验的同时更要总结我们以往的宝贵经验，占领意识形态的制高点。针对网络的新特点制定出切实可行的新方法，推动中国特色社会主义理论体系进教材、进课堂、进头脑。在当今的互联网时代，"堵、管、控"等常规教育手段面临失效甚至失控的危险，相反，如果"网络问政"畅通，不仅能了解中小学生的诉求，及时化解校园矛盾，而且还可以汇聚师生的智慧，为中小学生了解、参与政治生活提供场所。

具体来说可以从以下几个方面进行教育改革：①德育课的教育内容、管理方式、教师的教育态度和方法需要与时俱进，发挥教育学主渠道的渗透作用。通过改革把一些学生的注意力和主要精力从沉迷网络转移，变成一个爱学习、爱思考、充满正能量的积极向上的好学生。②提升管理新媒体的科学水平，利用新媒体实现显性和隐性教育的有机结合，放大教育效果，开辟学校德育教育新空间，依托新媒体资源建设和谐校园文化。③勇于创新、不断探索更贴近时代和学生喜爱的现代教学模式。比如：通过建立学生喜欢的网站、网页，利用学习通、慕课堂等线上线下方式完成学习任务，使自上而下的单向灌输和被动接受变为双向、多向的直接交流和互动，达到以人为本的教育目的。通过加入学生班级 QQ 群、微信群、家长群等方式了解学生，融入学生群体，使学生反映的各方面问题能得到及时了解、沟通。④启动全社会对中小学生使用互联网情况的关爱机制。加强政府对互联网的监管，加强社会、家庭与学校的联动，加强中小学生自身自我控制、自我教育、自我管理的能力培养。

德育工作是一项综合性很强的工作，需要社会、家庭、学校的共同参与，形成一个社会、学校、家庭、媒体各方面结合的网络德育体系。为此，教育工作者应积极搭建学校和家长联系的网络平台，通过这一网络平台，教育工作者可以把学校的教育教学安排、学校的发展动态等上传到网络家长学校中，让家长及时充分了解；也可以把学生的表现情况、成绩状况、个性特长、获奖情况等通过电子邮件或短信告诉家长，及时配合教育；可把学生中存在的共同问题、教育管理建议提供给教育行政部门和地方政府，让他们及时制定相关的政策措施，为青少年的健康成长创造一个良好的社会环境。家长也可以通过网络把孩子在家中的表现或有益的建议即时提供给学校，同时学校网站也为学生家长之间提供了可以相互沟通和交流的平台。

中小学德育是一个系统工程，关于我们国家未来的发展，关于人才培养方向。德育教育不仅仅是德育课老师的事情，需要学校所有老师的参与，通过课程育人、文化育人、实践育人、管理育人，还需要家长和社会的协同育人。只有全社会通力合作、齐抓共管，才能达到德育教育应有的目标。

第四章　新时期中小学德育的实践探索

　　"教育兴则国家兴，教育强则国家强。"[1]　"培养什么人，如何培养人，历来是党和国家教育的根本问题。"[2]　我国各级教育部门贯彻党的教育方针，落实教育立德树人的根本任务，积极推动中小学德育新思路新方法的实践探索，取得了显著的成效，开创了当代中小学德育工作的新局面。

第一节　国外中小学德育工作的主要经验

　　结合本国历史和国情开展中小学道德教育，培养适应未来社会的人才是当今世界许多国家的共同经验和普遍做法。他山之石可以攻玉，本书选择了西方发达国家美国、德国、法国、英国和东亚儒家文化圈韩国、日本、新加坡等国家就其德育的内容、方法和经验进行探讨，供国内读者参考。

一、美国的德育经验

　　美国主要通过隐蔽性德育课程和活动式、体验式、参与式、渗透式等方法进行德育教育，其中有的做法和经验值得借鉴。

（一）德育的主要内容

　　提倡爱国主义教育，注重国家意识教育。美国联邦政府强调通过加强公民教育来传导美国的主流价值观，培养新时期具有爱国主义精神的高素质公民。这些主流价值观包括爱国、个人自由、尊重差异、社会正义、民

---

　　① 习近平：《在北京大学师生座谈会上的讲话》，北京：人民出版社，2018 年，第 4 页。
　　② 教育部课题组：《深入学习习近平关于教育的重要论述》，北京：人民出版社，2019 年，第 46 页。

主参与等。除了透过教育法案、教育政策和教育拨款等发挥效力之外，还通过借助公民教育课程来发挥直接作用。"公民学和政府"是美国各州高中阶段普遍开设的一门课程，为学生提供关于公民生活、政治学和政治体制的基本知识。[①] 在公民国家认同的前提下，开展价值观教育，倡导多元价值、尊重差异，培养具有美国精神的公民，很多州都通过立法，要求中小学必须进行爱国主义教育方面的常规活动，着眼于培养公民的权责意识和参与能力。

开展品格教育。"品格教育是一种源自古希腊传统的、强调品格训练的道德教育模式。美国新品格教育是指与价值澄清、道德推理等现代道德教育相对的、在 20 世纪 80 年代末以来复兴的品格教育。"[②] 品格教育主张通过课程、示范、活动、实践、文学等品格训练方法，培养学生勇敢、诚实、审慎、合作、自律、公正、关心、尊重、负责等良好品格，使学生在家庭、社会和工作中建立良好的人际关系，增加学生个人价值、培养优良美德，以帮助学生可持续性地融入全球化发展的世界中。

实施爱的教育，树立学生的和平意识。和平是人类梦寐以求的价值，建立和平学校是教师、家长和学生的共同愿望，但美国是校园暴力最为严重的国家之一，为了对付校园暴力、构建学校的和平文化，美国许多学校对校园暴力采取了"零宽容"的政策并开展和平教育，培养学生爱的意识和能力，一是把爱的宽恕教育引入课堂，帮助学生缓解其所经历的各种侵害；二是培养学生自我辩护的意识和能力，给予学生关爱，意味着增进学生自信、自治、独立和个人与社会的责任。[③]

开展责任教育，培养青少年的责任感。"美国是一个强调公民责任的国家，对于青少年的'责任教育'和责任感的培养更是其公民教育的重要内容，自我责任意识和社会责任意识的培育是责任教育的重要使命"，主要通过家庭教育培养孩子责任意识、通过学校培育学生的责任情感、通过

---

① 郑航、肖燕华：《20 世纪 90 年代以来美国爱国主义教育的时代际遇与实践取向》，《比较教育研究》2014 年第 3 期，第 47 页。

② 郑富兴、高潇怡：《道德共识的追寻——美国新品格教育的内容浅析》，《外国教育研究》2004 年第 11 期，第 30 页。

③ 唐克军、蔡迎旗：《公民与道德教育视域下美国和平学校的构建》，《外国教育研究》2009 年第 4 期，第 64 页。

服务学习规范青少年的责任行为来开展责任教育。[①]

（二）德育的主要方法

活动式德育是美国学校德育的主渠道，活动式道德教育就是教育者设计一系列的教学活动，让学生主动参与、亲自实践，获取道德知识、养成良好的行为习惯，"美国学校规定学生必须参加社会活动，参加多种形式的义务服务，以取得相应的学分，方能毕业"[②]。

注重发挥隐性课程的德育功能，隐性德育采取暗含的、间接的、内隐的方式开展教育活动，进行渗透教育，使之潜移默化，起到润物细无声的作用，"美国教育界非常看重校园文化、学校和课堂的气氛、教师的形象、学校的规章制度、校内的舆论导向等'隐蔽课程'（hidden curriculum）在学生政治观、道德观和价值观形成中的作用"[③]。

把社区志愿服务与服务学习相结合进行培养，举行丰富多彩的爱国主义教育实践活动和志愿活动，"参与志愿服务和社区服务已经成为美国中小学生的一种生活方式，他们乐于志愿事业，这与志愿精神的培养是分不开的"[④]；实施以学校教育为主、家庭教育和社会支持通力配合的品格教育模式；创造平等和谐的家庭关系，培养孩子的独立意识，让孩子做一个有自信的人；发挥宗教教育作用，运用宗教手段，借助宗教的某些内容、某些形式来达到德育目的，对民众进行道德熏陶和品行塑造，培养民众的民族精神和社会信仰，解决民众日常的思想问题和精神困惑，"在美国，宗教教育因其在公民伦理道德准则、爱国主义信念和对现实世界的责任感方面的强大影响而引起社会各个阶层的精神共鸣"[⑤]。

二、欧洲国家的德育经验

以英、法、德为代表的欧洲国家在中小学德育中把宗教教育、公民教

---

① 余习勤：《美国青少年责任感的培养及其启示》，《山东青年政治学院学报》2014 年第 4 期，第 59～60 页。

② 杨荣：《美国学校道德教育的途径方法及其启示》，《教学与管理》2007 年第 4 期，第 79 页。

③ 张想明：《美国隐性德育剖析》，《孝感学院学报》2011 年第 4 期，第 94 页。

④ 刘先锐：《美国青少年志愿精神的培养及其启示》，《阜阳师范学院学报（社会科学版）》2014 年第 3 期，第 120 页。

⑤ 王兆璟：《美国的公民意识教育与族群认同研究》，北京：中国社会科学出版社，2017 年，第 155 页。

育和道德品质教育结合起来，在长期的历史发展中也积累了丰富的德育经验，推动了本国的教育发展和道德进步。

（一）德育的主要内容

1. 英国德育的主要内容

重视宗教教育，"由于传统的宗教教育强调宗教信仰，英国要求学生接受宗教信条……可以通过宗教教育，丰富学生的精神世界"[①]，"宗教教育是在国家课程体系下的学校基本课程的重要组成部分……英国推出了首个全国性质的中小学宗教教育法定大纲，以支持在学校提供高质量的宗教教育……该大纲对宗教教育如何使学生不仅学习相关的宗教知识并习得良好的道德品质提供了有效指导，并为青少年提供了发展知识、理解力和技能的各种方法"[②]。

注重公民教育，"目的是在发展学生作为一个公民所应具备的技能、价值观和态度的基础上，帮助学生获得并理解公民的基本知识"[③]。公民教育包含以下几个方面："社会的本质，多元社会中的个人角色及关系，国民的义务、权利与责任，家庭，民主生活，国民与法律，工作、就业和休闲，公共服务。"[④] 主张公民的范畴应该扩大到人们同时共属的各种社会文化社区：家庭、学校、地方、国家、欧洲和世界，倡导培养国家公民和全球公民身份意识和能力。

强化行为教育，"行为教育是通过责任教育、礼仪教育、社会技能教育等形式来培养学生的道德素养。让他们有更广泛的社会技能……使他们在工作场所和更广泛的社会范围内表现出良好的行为和处事能力"[⑤]。

关注性教育和人际关系教育，"有效的性教育及人际关系教育非常重要，它为年轻人步入成年奠定良好基础"[⑥]。

---

① 林亚芳：《当代英国学校的德育》，《政工研究动态》2006年第10期，第31页。
② 楚琳：《当前英国国家课程体系中的中小学道德教育内容及特点》，《中国德育》2009年第1期，第24页。
③ 林亚芳：《当代英国学校的德育》，《政工研究动态》2006年第10期，第31页。
④ 李丁：《英国青少年公民教育研究》，北京：人民出版社，2012年，第103页。
⑤ 楚琳：《当前英国国家课程体系中的中小学道德教育内容及特点》，《中国德育》2009年第1期，第25页。
⑥ 楚琳：《当前英国国家课程体系中的中小学道德教育内容及特点》，《中国德育》2009年第1期，第25页。

2. 法国德育的主要内容

开展价值观教育，"提倡宽容、合作、团结的价值观"，主张建立和传递"共同价值观"，"具体包括：尊严、自由、平等（尤其是男女生之间的平等）、团结、世俗化、正义、尊重及杜绝任何形式的歧视"，培养青少年重视合作、承担责任的品格，以培养青少年逐步形成道德主体、道德判断和完善的道德人格。

开展公民教育，灌输民主生活的基本原则，倡导公共利益原则，明确个人与群体、道德与公民性、个体与公民之间的联系与区别，学会在社会中生活，并为其公民生活做准备，培养合格公民应当掌握的政治知识和参与技能，公民应当具备整体观念，优先考虑共同利益。[①]

3. 德国德育的主要内容

重视民主精神的培育和政治参与能力的培养，通过社会课和实践活动让学生了解自由民主制度的价值和法律标准，培养独立的政治分析和判断能力，提高学生参与政治生活的热情和能力。

开展价值教育，"德国的'价值教育'以独立性和自主意识为主要的价值导向；把培养学生学会关心、理解和尊重他人、团结、合作精神、诚实、责任、宽容与和平等等这些做人的基本规范和基本价值目标作为构成其价值教育的基本内容；以培养和提高他们的价值判断、价值选择能力以及社会责任感为主要目标"[②]。

注重公民教育，开设独立的综合性的公民教育课程，讨论政治制度、政治参与、价值观、政治思想、社会问题、道德问题、经济问题等，同时通过伦理学、神学、法学、经济学等类课程和家庭、学校、社会等领域实施。

在全社会开展诚信建设，"德国在世界上是一个享有较高信用评价的国家，'严谨、认真、诚信'通常是人们对德国人的第一印象。德国公民良好的诚信道德品行，不仅源于其优良传统文化的熏陶，而且也是其多年

① 上官莉娜：《多元文化、世俗性与价值观教育——法国中小学复设"世俗道德教育"课程解析》，《比较教育研究》2016 年第 2 期，第 104 页。

② 张坤：《德国特色价值教育——对一种隐性公民教育的探析及其启示》，《外国教育研究》2008 年第 9 期，第 94~95 页。

来社会诚信建设的结果"①。一是建立一系列的制度并严格执行来规范和监督人们的行为，对违背诚信的行为进行惩罚；二是利用宗教的影响，通过宗教仪式和宗教教义中的诚实、信任等伦理观念，潜移默化地培养宗教信仰，形成诚信观念。

推行善良教育，强调以"善良"为核心观念，形成了独立的善良教育体系，"德国的善良教育的内容包括爱护动物、保护环境、同情弱者、宽容待人、反对暴力等"②，教育和引导人们从小做起、从自身做起、从小事切入，从日常生活做起，倡导善待生命、培育环保意识，反对恃强凌弱，主张用"批判"的眼光对待暴力事件，主张以宽容的心态对待别人，将"宽以待人"作为必修课对儿童进行教育，重视家长、教师对儿童的榜样示范作用，取得了较好的社会教育效果。

（二）德育的主要方法

1. 英国德育的主要方法

将德育的直接方式和间接方式相结合，开设与德育内容直接相关的宗教教育、公民教育等课程。"在公民教育培养公民性的过程中，课堂教学和有关公民性知识的传授、参与式体验和训练教育以及宗教教育，是极富实效性的策略和措施"③，通过课堂教学进行理论认知，又要求将德育内容渗透在其他各门课程和学科教育之中，主张渗透式的生活化教育，"把自然知识、社会知识的传授和人道主义、国家意识的渗透有机结合起来"④，以寓教于乐的教育方式来教授有针对性的德育课程，编写以现实为题材的道德教育教材对学生进行道德教化和德育渗透。

通过宗教传统传播德育观念，通过绅士教育培养道德习惯，通过制度体系规范道德行为，通过两难道德推理培养学生公共道德意识，通过突出学生在公民教育中的主体地位培养其责任意识，通过参与学校事务和强制

---

① 向征：《德国如何建设社会诚信》，《中国党政干部论坛》2013 年第 4 期，第 27 页。

② 华敏：《从德国的善良教育看我国儿童善良品性的养成》，《教育探索》2010 年第 1 期，第 125 页。

③ 李丁：《英国青少年公民教育研究》，北京：人民出版社，2012 年，第 177 页。

④ 余斐：《论渗透式生活化的英国道德教育——兼其对我国思想政治教育的启示》，《井冈山医专学报》2007 年第 4 期，第 98 页。

性社区服务培养学生的公民参与意识。[①]

2. 德国德育的主要方法

提倡开放的课堂学习模式，重视宗教、学校、家庭、社会在道德教育中的作用，主张系统性地对学生进行道德教育。

提倡开放的课堂学习，"开放的课堂学习是一种强调学生在学习中的积极性和独立性、以培养学生独立能力为目标的学习和教学模式"[②]，通过开放式课堂学习提高学生的学习积极性和主动性，培养了独立能力、合作能力和社会交往能力。

通过宗教课程和宗教活动进行道德教育。一是开设宗教课程，阐明宗教教义，把宗教教育定为学校的核心课程并"结合生活实际对学生进行道德教育，以提高学生的道德认知能力"[③]，养成宗教道德情操；二是让学生参加宗教仪式活动，通过讲道、读经、忏悔、圣餐、祈祷和制裁等，让学生受到潜移默化、耳濡目染的影响。

开展系统的学校道德教育，设置完整的道德教育课程，强调道德教育的渗透性和课堂讨论法，实行严格的考试制度，以达到提高学生道德判断、道德认知能力的目的。课外道德教育采用形象感染为主的道德教育方法，让学生产生心灵震撼和深刻的体验，通过开展丰富多彩的道德实践活动，对学生进行道德训练，让学生在自己的亲身体验或角色扮演中，学会尊重他人，增强社交能力和应变能力，培养合作精神。

重视家庭德育，通过"家庭会议法""行为训练法"和父母榜样示范法，培养孩子的责任意识、良好的思想品德和行为习惯；开展社会道德教育，公民的社会道德教育方法主要有实践活动锻炼法与行为规范法，通过实践活动将道德观念和道德理论具体化、生活化，通过行为规范法从制度约束的角度来引导、培养和规范公民的道德行为。[④]

---

① 罗骋：《英国学校道德教育途径的特点及其启示》，《新课程研究（中旬刊）》2009 年第 10 期，第 158~159 页。

② 张坤：《德国特色价值教育——对一种隐性公民教育的探析及其启示》，《外国教育研究》2008 年第 9 期，第 94 页。

③ 张忠华、朱梅玲：《略论德国的道德教育方法》，《教育导刊》2015 年第 2 期，第 84 页。

④ 张忠华、朱梅玲：《略论德国的道德教育方法》，《教育导刊》2015 年第 2 期，第 85 页。

三、亚洲国家的德育经验

日本、新加坡、韩国同属于亚洲儒家文化圈国家，历史传统与文化背景与中国有很多相似之处，其中小学德育的一些经验也值得中国学习和借鉴。

（一）德育的主要内容

1. 日本德育的主要内容

开展心灵教育。针对第二次世界大战后日本经济复苏、走向繁荣和物质至上带来的"精神贫困"，以及第二次世界大战后美国对日本教育方针的影响带来的偏重智育的"教育失衡"，日本提出了"德育为首"的教育改革，日本政府提出了"心灵教育"的概念，主张通过"心灵教育"充实心灵，培养具有丰富人性和健全人格的幸福国民。丰富人性包括以下几个方面的内容：对美好事物和自然的感动之心等纤细的感受性，重视正义感和公正性的精神，热爱生命、尊重人权之心等基本的伦理观，同情他人之心和社会奉献精神，自立心、自制力和责任感，对他人共生和对异质事物的宽容。[①]

开展生命教育。20 世纪 80 年代后期，随着日本泡沫经济的崩溃，社会生活中漠视生命的现象屡见不鲜，践踏生命的行为更是司空见惯，自杀、杀人、欺凌等社会问题频发，使日本的生命教育不得不上升到一个新的高度，希望通过生命教育使国民珍视生命、欣赏生命、享受生命，"日本的生命教育是广义的概念，包含'生死观'教育、健康安全教育、道德教育等内容"，提倡敬畏生命，实行"生死观"教育，善待生命，推行健康教育和安全教育，尊重生命，提倡道德教育。[②]

开展道德实践教育，"强调通过实践体验活动培养锻炼学生，让学生认识自然，体验社会生活，提高道德实践能力，以培养适应现代社会需要的人才"[③]。一是通过社区体验活动场所、"自然教室"、"儿童长期自然体

---

① 刘亭亭：《培养具有"丰富人性"的幸福国民——日本当代"心灵教育"管窥》，《中国德育》2011 年第 7 期，第 85～86 页。

② 刘莹、李晓兰：《日本生命教育的特点及启示》，《渭南师范学院学报》2017 年第 2 期，第 19 页。

③ 付兵儿：《日本中小学的道德实践教育与思考》，《内蒙古师范大学学报（教育科学版）》2004 年第 4 期，第 21 页。

验村"等组织学生开展自然体验活动，培养独立生活的能力和正确的生活态度；二是组织参加生产劳动，体验劳动成果，增强劳动创造生活的情感和意识；三是开展磨难教育和"耐苦生活体验"，培养生存能力和吃苦耐劳品格，四是开展传统体育、艺术和庆典、祭祀、志愿服务等特别活动，培养学生认真、协调、负责、创造等品质，增强青少年积极参与社会服务活动的意识。

开展群体意识、忧患意识教育，培养学生的集体意识和爱国精神。日本是一个自然资源贫乏、灾害频发的山地岛国，也是一个历史悠久、经济发达、文化传统兴盛的国家，国民普遍具有强烈的岛国意识、危机意识、忧患意识，一方面有着极强的自卑感，另一方面又有着极强的民族自尊心。日本儿童从小就接受危机意识和忧患意识的教育。同时日本是儒家文化圈国家，深受儒家文化的影响；也是四面环海的岛国，造就了日本国民的集团意识，注重团体主义教育。团体主义的基本出发点就是具备忠诚于团体的意识，要求个人利益服从团体利益，核心是协同合作，并进而保证团体的高效率运转。①

开展公民教育，日本确立了培养"在认知上辨别是非，在思想上独立思考，在道德上趋于完善，在行为上妥善判断并能够与社会和谐发展的现代化公民"的目标，着重培养具有国家意识和民族认同感的国家公民和适应国际化要求的"主动公民"②，主要通过爱国主义教育与集团主义教育相结合、公民创新精神教育与社会实践精神教育相结合、本国公民意识教育与世界公民意识教育相结合来培养公民的爱国主义精神、创新精神和公民意识。

2. 新加坡德育的主要内容

将儒家传统思想与现代社会有机结合，实现儒家思想现代化，推广五大价值观教育，"国家至上，社会为先；家庭为根，社会为本；关怀扶植，尊重个人；求同存异，协商共识；种族和谐，宗教宽容"③，新加坡既是儒家文化圈国家，也是个多元种族国家，种族和谐、宗教宽容是新加坡生

---

① 朱微：《中日爱国主义教育的比较及对我国的启示》，《辽宁行政学院学报》2008 年第 12 期，第 140 页。

② 马升翼：《日本公民教育的经验及其启示》，《河北大学成人教育学院学报》2013 年第 2 期，第 96～100 页。

③ 张晓艳：《新加坡倡导"五大价值观"》，《冶金企业文化》2007 年第 5 期，第 30 页。

存的基础，"五种公共价值观的核心精神是通过社会各组成部分（如家庭、社区、种族、宗教等）的和睦、和谐，来维持和促进国家的稳定"①。

开展国家认同感教育，培育"我是新加坡人"的"国家意识"。新加坡是世界上培育青少年国家认同感较成功的国家之一，主要通过公民道德教育培育爱国心与效忠感、历史和国情教育培育国家责任感、双语教育培育国家归属感、社区服务计划培育奉献精神。②

开展品格与公民教育，强调"一个具有良好品格并对社会有所贡献的新加坡公民，必须以核心价值观（尊重、责任感、坚毅不屈、正直、关爱与和谐）为基础"③，培养尊重、责任感、坚毅不屈、正直、关爱、和谐等品格。

3. 韩国德育的主要内容

以儒家伦理思想为中心，大力开展传统道德、文化教育与礼仪教育，向学生教授传统的道德价值观和文明礼仪。韩国是东亚儒家文化圈国家，深受中国儒家文化的影响，仁、义、礼、智、信的伦理观念渗透在社会生活的各个方面，儒家文化和道德伦理至今仍然是韩国民族精神的内核，韩国学校的礼仪教育特别注重从儒学文化中汲取营养，把礼仪教育渗透在所有课程之中、寓于一切教育活动之中，内容包括个人生活礼仪、家庭生活礼仪、学校生活礼仪、社会生活礼仪和国家生活礼仪。④

开展公民道德教育，强调公民民族精神及国家意识的培养，"韩国独立后，韩国人民表现出了强烈的民族和民主意识，要求道德教育要加强民族精神教育及国家意识的培养，以提升作为韩国公民的民族自豪感"，"韩国学校公民道德教育中已形成一种以儒家伦理为主体，突出培养民族精神的道德教育体系"，⑤ 以养成良好的公民道德习惯、形成正确的公民道德观念和公民道德判断能力。

开展价值观教育，把儒家文化中的"忠""孝""礼"等思想与现代文

---

① 韦红：《新加坡精神》，武汉：长江文艺出版社，2000 年，第 179 页。

② 谢东宝：《新加坡国家认同感教育及其启示》，《青年探索》2009 年第 2 期，第 93～95 页。

③ 陈卓：《新加坡"品格与公民教育"中家庭教育环节的特点研究——基于小学〈好品德好公民〉教科书的文本分析》，《比较教育研究》2016 年第 9 期，第 15 页。

④ 王波、王芳：《韩国的礼仪教育》，《中国德育》2007 年第 7 期，第 91～92 页。

⑤ 章燕：《韩国学校公民道德教育特点及启示》，《湖北省社会主义学院学报》2016 年第 3 期，第 77 页。

明相结合，提出了爱国、民主、法治、人权、正义等价值观，并通过媒体、教育、制度等固化和宣传。

（二）德育的主要方法

1. 日本德育的主要方法

开设专门的德育课程"道德时间"，坚持德育的多学科渗透，日本从1958 年开始在小学和初中特设专门的德育课程"道德时间"，主要讲授行为规范、道德法则、公德品质和做人的道理，在国语、数学、社会、音育、体育、美育等课程中渗透道德教育，"日本制定有公民课、道德课、特别活动课、安全课、友爱课、垃圾课、环保课等，通过讲授、座谈讨论、班级指导、参观旅行、野外考察、社会实践等方法来进行德育教育"①，同时注意发挥教师的表率作用，日本要求教师要有高尚的人格，做"一个在人格问题上能答疑解惑的起带头示范作用的人"②。

构建学校、家庭、社会相结合的道德教育体系，建立"家校社"多维参与的道德教育网络，"日本家庭的道德教育，主要是养成好的基本生活习惯，把学校的道德教育落实到实际生活中"③，社区和社会主要为道德教育的实施提供场所和开展活动的机会，配合学校道德教育的实施。

突出儒家伦理，充分发挥儒家文化在公民道德教育中的作用，将爱心、秩序、敬畏、勤奋、自律、感恩、宽容等儒家伦理观念渗透在家庭、学校、社会道德教育的各个方面。

将生命教育同道德教育相结合，"日本政府在政策制定时一直把生命教育和道德教育紧密结合在一起，在道德教育中渗透生命教育，在生命教育中实现道德教育的目标"④。

注重"特别活动"和体验活动的作用，"中小学'特别活动'主要有班级活动、学生会活动、兴趣小组、学校活动等 4 种"⑤，通过课外集体

---

① 王威：《中日中小学德育教育的途径与方法之异同及对我们的启示》，《黑龙江教育学院学报》，2008 年第 9 期，第 37 页。

② 杨绍辉、刘淑艳：《日本学校德育及对我国的启示》，《理论探讨》2010 年第 6 期，第 62 页。

③ 王丽荣：《中日德育途径方法的异同比较》，《外国中小学教育》2005 年第 7 期，第 38 页。

④ 虞花荣：《日本生命教育的特点及启示》，《贵州社会科学》2013 年第 7 期，第 166 页。

⑤ 王丽荣：《中日德育途径方法的异同比较》，《外国中小学教育》2005 年第 7 期，第 37 页。

活动和家务活动、生产活动等体验式活动来培养学生的集体意识和为社会、他人做贡献的精神。

2. 新加坡德育的主要方法

注重隐性课程的开发与应用，注重环境资源的优化与合力共建，注重道德教育的实践性与服务性。

结合儒家传统教育、生活与成长教育、公民道德教育、全民性改造教育四大内容，开设儒家伦理、生活与成长、好公民、公民与道德教育等德育必修课程并设立研究室，选配高素质的老师，严格课程考核制度，成为学校道德教育的主要途径。

建立"刚性"的制度与政策推动共同价值观的制度化、政策化，"新加坡政府在建构共同价值观的过程中，充分发挥了政策、制度等公共政策对社会公民的价值导向作用，将共同价值观的内在要求外化为公民可知可感的具体政策、制度，使其借助公共政策的特殊作用而上升为全体社会公民普遍认可的主导价值观"[①]。

以家庭、学校、社区为主要阵地大力开展德育工作，为共同价值观的宣传教育提供社会舆论支持，"通过强化家庭教育、营造良好的社会氛围等途径，为学校德育创造良好的外部环境，进一步巩固学校德育成果"[②]。

将儒家传统思想与现代社会有机结合，实现儒家思想现代化，"例如新加坡语文教材中载入华族的节日、礼仪、风俗、音乐、戏曲、神话、家庭观、奋斗史等，其目的之一就是让学生吸收儒家的孝亲、礼让、睦邻、公德心等价值观"[③]。

3. 韩国德育的主要方法

通过学校系统的道德课程进行直接教育，学校各阶段公民道德教育内容都涉及"个人生活""家庭、邻里、学校生活""社会生活"和"国家生活"四个方面，小学阶段主要是学习有关的礼节礼貌及公民道德知识，初中开设道德课，注重培养学生的"忠孝"观念和独立的韩国公民的民族意识，高中开设伦理课，强调培养公民道德判断能力，大学开设国民伦理

---

① 邵士庆、刘兆芙：《新加坡建构共同价值观的经验及启示》，《社会主义核心价值观研究》2016年第5期，第52页。

② 魏新强：《新加坡学校德育途径及启示》，《中国青年研究》2010年第8期，第105页。

③ 魏新强：《新加坡学校德育途径及启示》，《中国青年研究》2010年第8期，第103页。

课，培养公民道德自律性。

利用课外活动及社会服务活动进行实践教育，开展有益于学生身心发展的各种课外活动，引导学生参加社会活动，将理论知识与实践活动联系起来加深理解；利用乡土文化、学校环境建设及历史文化遗产等进行隐性教育；实施家庭、学校与社会三位一体的综合教育法，建立学校家庭相结合的礼仪教育体系，在实践中强化青少年礼仪的养成。

第二节　国内中小学德育工作的主要经验

我们党历来高度重视对青少年的教育和培养，尤其重视对青少年的思想道德教育。毛泽东指出："我们的教育方针，应该使受教育者在德育、智育、体育几方面都得到发展，成为有社会主义觉悟的有文化的劳动者。"[①] 邓小平提出要"把青少年培养成为忠于社会主义祖国、忠于无产阶级革命事业、忠于马克思列宁主义毛泽东思想的优秀人才"[②]。江泽民提出"各级各类学校都要全面贯彻党的教育方针，坚持社会主义办学方向，努力培养德智体全面发展的'四有'新人"[③]。习近平提出"必须把培养中国特色社会主义事业建设者和接班人作为根本任务"[④]。我国各级教育部门落实立德树人教育根本任务，在中小学德育实践探索中积累了丰富的德育经验，有力地推动了中小学德育工作的创新与发展。

一、中小学德育的目标和内容

"培养什么人，是教育的首要问题。"[⑤] 党的十六大报告提出"培养德

① 中共中央文献研究室：《毛泽东文集》（第 7 卷），北京：人民出版社，1999 年，第 226 页。

② 中共中央文献编辑委员会：《邓小平文选》（第 2 卷），北京：人民出版社，1994 年，第 106 页。

③ 中共中央文献编辑委员会：《江泽民文选》（第 1 卷），北京：人民出版社，2006 年，第 371 页。

④ 中共中央文献研究室：《习近平关于青少年和共青团工作论述摘编》，北京：中央文献出版社，2017 年，第 61 页。

⑤ 中共中央党史和文献研究院：《十九大以来重要文献选编》（上），北京：中央文献出版社，2019 年，第 647 页。

智体美全面发展的社会主义建设者和接班人"。党的十七大报告提出了育人为本、德育为先，培养德智体美全面发展的社会主义建设者和接班人的要求。党的十八大报告指出："把立德树人作为教育的根本任务，培养德智体美全面发展的社会主义建设者和接班人。"① 党的十九大报告则进一步强调和要求"落实立德树人根本任务"②。"德育目标是学生在政治、思想、道德、法治、心理品质方面应达到的规格要求。"③ 2017 年，教育部深入贯彻落实习近平总书记系列重要讲话精神，落实立德树人根本任务，在原国家教委 1993 年、1995 年颁布的《小学德育纲要》《中学德育大纲》基础上结合新时代要求制定了《中小学德育工作指南》，提出了中小学德育的总体目标、学段目标、德育内容和德育途径，不断增强中小学德育工作的时代性、科学性和实效性。

（一）中小学德育的目标

1. 中小学德育的总体目标

《中小学德育工作指南》规定了中小学德育的总体目标：培养学生爱党爱国爱人民，增强国家意识和社会责任意识，教育学生理解、认同和拥护国家政治制度，了解中华优秀传统文化和革命文化、社会主义先进文化，增强中国特色社会主义道路自信、理论自信、制度自信、文化自信，引导学生准确理解和把握社会主义核心价值观的深刻内涵和实践要求，养成良好政治素质、道德品质、法治意识和行为习惯，形成积极健康的人格和良好心理品质，促进学生核心素养提升和全面发展，为学生一生成长奠定坚实的思想基础。④

该总体目标深入贯彻教育立德树人根本任务"以引导学生立德树人、立志成才"，把培养青少年的责任意识、增强"四个自信"、促进全面发展结合起来，"以政治认同、家国情怀、道德修养、法治意识、文化素养为

① 中共中央文献研究室：《十八大以来重要文献选编》（上），北京：中央文献出版社，2014 年，第 27 页。

② 中共中央党史和文献研究院：《十九大以来重要文献选编》（上），北京：中央文献出版社，2019 年，第 32 页。

③ 教育部基础教育司组：《中小学德育工作指南实施手册》，北京：教育科学出版社，2017 年，第 13 页。

④ 《教育部关于印发〈中小学德育工作指南〉的通知》，2017 年 8 月，http://www.moe. gov.cn/srcsite/A06/s3325/201709/t20170904_313128.html。

重点"①。铸魂育人，体现了德育目标的先进性、多样性和可行性，为新时代中小学德育工作指明了方向。

2. 中小学德育的学段目标

根据《中小学德育工作指南》的规定，小学低年级的德育目标是教育和引导学生热爱中国共产党、热爱祖国、热爱人民，爱亲敬长、爱集体、爱家乡，初步了解生活中的自然、社会常识和有关祖国的知识，保护环境，爱惜资源，养成基本的文明行为习惯，形成自信向上、诚实勇敢、有责任心等良好品质。小学中高年级的德育目标是教育和引导学生热爱中国共产党、热爱祖国、热爱人民，了解家乡发展变化和国家历史常识，了解中华优秀传统文化和党的光荣革命传统，理解日常生活的道德规范和文明礼貌，初步形成规则意识和民主法治观念，养成良好生活和行为习惯，具备保护生态环境的意识，形成诚实守信、友爱宽容、自尊自律、乐观向上等良好品质。

初中学段的德育目标是教育和引导学生热爱中国共产党、热爱祖国、热爱人民，认同中华文化，继承革命传统，弘扬民族精神，理解基本的社会规范和道德规范，树立规则意识、法治观念，培养公民意识，掌握促进身心健康发展的途径和方法，养成热爱劳动、自主自立、意志坚强的生活态度，形成尊重他人、乐于助人、善于合作、勇于创新等良好品质。

高中学段的德育目标是教育和引导学生热爱中国共产党、热爱祖国、热爱人民，拥护中国特色社会主义道路，弘扬民族精神，增强民族自尊心、自信心和自豪感，增强公民意识、社会责任感和民主法治观念，学习运用马克思主义基本观点和方法观察问题、分析问题和解决问题，学会正确选择人生发展道路的相关知识，具备自主、自立、自强的态度和能力，初步形成正确的世界观、人生观和价值观。

《中小学德育工作指南》根据不同学段学生的身心发展规律、认知水平、实践能力和教育教学特点设计了不同的学段目标，总体上"呈现由浅入深、螺旋上升的形态"②，"高中阶段重在提升政治素养，引导学生衷心

---

① 中共中央办公厅、国务院办公厅：《关于深化新时代学校思想政治理论课改革创新的若干意见》，北京：人民出版社，2019 年，第 4～6 页。

② 教育部基础教育司组：《中小学德育工作指南实施手册》，北京：教育科学出版社，2017 年，第 19 页。

拥护党的领导和我国社会主义制度，形成社会主义建设者和接班人的政治认同。初中阶段重在打牢思想基础，引导学生把党、祖国、人民装在心中，强化做社会主义建设者和接班人的思想意识。小学阶段重在启蒙道德情感，引导学生形成爱党、爱国、爱社会主义、爱人民、爱集体的情感，具有做社会主义建设者和接班人的美好愿望"①。

（二）中小学德育的主要内容

《中小学德育工作指南》提出了中小学德育的主要内容包括理想信念教育、社会主义核心价值观教育、中华优秀传统文化教育、生态文明教育、心理健康教育。

理想信念教育主要强调开展马列主义、毛泽东思想和中国特色社会主义理论体系的学习教育，引导学生深入了解中国近现代史，继承革命传统，传承红色基因，培养学生对党的政治认同、情感认同、价值认同，坚定为共产主义远大理想和中国特色社会主义共同理想而奋斗的信念和信心。

社会主义核心价值观教育强调把社会主义核心价值观融入国民教育全过程，落实到中小学教育教学和管理服务各环节，深入开展爱国主义教育、国情教育、国家安全教育、民族团结教育、法治教育、诚信教育、文明礼仪教育等，加强对国家、社会、个人层面社会主义核心价值观的理解、领悟和践行，将社会主义核心价值观内化于心、外化于行。

中华优秀传统文化教育强调开展家国情怀教育、社会关爱教育和人格修养教育，传承发展中华优秀传统文化，增强文化自觉和文化自信。

生态文明教育强调加强节约教育、环境保护教育和基本国情教育，引导学生树立尊重自然、顺应自然、保护自然的发展理念，养成勤俭节约、低碳环保、自觉劳动的生活习惯和健康文明的生活方式。

心理健康教育强调开展认识自我、尊重生命、学会学习、人际交往、情绪调适、升学择业、人生规划以及适应社会生活等方面教育，培养学生健全的人格、积极的心态和良好的个性心理品质。

《关于深化新时代学校思想政治理论课改革创新的若干意见》提出了遵循学生认知规律设计课程内容，体现不同学段特点，统筹推进思政课课程内容建设的意见。提出系统开展马克思主义理论教育，系统进行中国特

---

① 中共中央办公厅、国务院办公厅：《关于深化新时代学校思想政治理论课改革创新的若干意见》，北京：人民出版社，2019年，第5页。

色社会主义和中国梦教育、社会主义核心价值观教育、法治教育、劳动教育、心理健康教育、中华优秀传统文化教育，进一步丰富和完善了中小学德育的内容。

另外，《新时代爱国主义教育实施纲要》提出推进习近平新时代中国特色社会主义思想进校园、要把青少年作为爱国主义教育的重中之重、将爱国主义精神贯穿于学校教育全过程的意见[①]，《新时代公民道德建设实施纲要》提出筑牢理想信念之基、培育和践行社会主义核心价值观、传承中华传统美德、弘扬民族精神和时代精神、把立德树人贯穿学校教育全过程的意见[②]，《国务院办公厅关于新时代推进普通高中育人方式改革的指导意见》提出深入开展习近平新时代中国特色社会主义思想教育、强化理想信念教育、积极培育和践行社会主义核心价值观、深入开展中华优秀传统文化教育、加强学生品德教育的意见[③]，进一步丰富和完善了当前中小学德育的内容。

二、中小学德育的主要途径

课程育人、课堂教学是中小学德育的最主要途径，注意校园环境建设和文化建设，实现环境育人、文化育人，同时班主任工作、少先队和共青团工作、社会实践活动、活动类课程等也发挥着重要的作用。

（一）课程育人

学校德育是我国中小学德育的最主要途径，课程教学是最主要的德育教学活动。习近平总书记在学校思想政治理论课教师座谈会上的重要讲话指出"思政课是落实立德树人根本任务的关键课程"[④]，发挥着不可替代的作用，思政课是对学生系统进行马克思主义理论和思想品德教育的关键课程，要充分发挥课堂教学的主渠道作用，将中小学德育内容细化落实到各学科课程的教学目标之中，融入渗透到教育教学全过程。

---

① 中共中央办公厅、国务院办公厅：《新时代爱国主义教育实施纲要》，北京：人民出版社，2019 年，第 5~9 页。
② 中共中央办公厅、国务院办公厅：《新时代公民道德建设实施纲要》，北京：人民出版社，2019 年，第 6~9 页。
③ 《国务院办公厅关于新时代推进普通高中育人方式改革的指导意见》，http://www.gov.cn/zhengce/content/2019-06/19/content_5401568.htm。
④ 习近平：《思政课是落实立德树人根本任务的关键课程》，北京：人民出版社，2020 年，第 2 页。

一是科学设置思政课课程体系，统筹推进思政课课程内容建设。我国在小学、初中、高中开设了系统的思政课课程体系，是中小学德育的主阵地、主渠道。高中阶段开设"思想政治"必修课程，围绕学习领会习近平总书记最新重要讲话精神开设"思想政治"选择性必修课程，是对学生较系统地进行思想品德教育和国情教育的一门课程，主要帮助学生树立正确的政治方向、正确的人生观，掌握科学的思想方法，培养良好的思想品德。初中、小学阶段开设"道德与法治"必修课程，结合校本课程、兴趣班开设思政类选修课程，该课程着重提高学生的道德认识和道德判断能力，培养道德情感，以指导他们的行为。要联系学生生活实际，挖掘课程思想内涵，围绕课程目标和中国特色社会主义教育、中国梦教育、社会主义核心价值观教育、法治教育、劳动教育、心理健康教育、中华优秀传统文化教育等内容设计教学内容，优化教学方法，精心发展学生道德认知，注重学生的情感体验和道德实践。高中阶段重在开展常识性学习，初中阶段重在开展体验性学习，小学阶段重在开展启蒙性学习。

二是充分发挥其他课程德育功能，实现思政课程和课程思政同频共振、同向同行。各学科教学是教师在向学生传授知识的同时进行德育的最经常的途径，寓德育于各科教学内容和教学过程之中，对提高学生的政治思想道德素质具有重要的作用。我国除系统的思政课外，在语文、数学、历史、地理、音乐、美术等课程教学活动中也都有道德教育的渗透。其他各科教学主要根据教学大纲关于思想品德教育的要求和教材中的教育因素，自觉地、有意识地在课堂教学中渗透思想品德教育，注意培养学生良好的学习态度、学习习惯和良好的意志、品格，促使学生养成文明行为习惯，培养学生良好的思想品德素质。要根据不同年级和不同课程特点，充分挖掘各门课程蕴含的德育资源，将德育内容有机融入各门课程教学中。语文、历史、地理等课要利用课程中语言文字、传统文化、历史地理常识等丰富的思想道德教育因素，潜移默化地对学生进行世界观、人生观和价值观的引导，教育学生学习中华民族的光荣传统和中国共产党的革命传统，激发他们的爱国情感，增强民族自尊心和自豪感。数学、科学、物理、化学、生物等课要加强对学生科学精神、科学方法、科学态度、科学探究能力和逻辑思维能力的培养，促进学生树立勇于创新、求真求实、认真严谨等思想品质。音乐、体育、美术、艺术等课要加强对学生审美情趣、健康体魄、意志品质、人文素养和生活方式的培养，陶冶学生的情操，提升学生的审美情趣，培养活泼开朗的性格和朝气蓬勃、不怕困难、勇敢顽强的精神，培养集体荣誉感、组织纪律性和合作精神。外语课要加强对学生国际视野、国际理解和综合人文素养的培养。综合实践活动课要加强对学生生活技能、劳动习惯、动手实践和合作交流能力的培养，培养学生热爱劳动的思想、吃苦耐劳的精神和对工作的责任心。《新时代爱国主义教育实施纲要》提出推动爱国主义教育进课堂、进教材、进头脑，在普通中小学、中职学校，将爱国主义教育内容融入中小学语文、道德与法治、历史等学科教材编写和教育教学中，培养学生的爱国情怀。

三是开发地方和学校课程。要结合地方自然地理特点、民族特色、传统文化以及重大历史事件、历史名人等，因地制宜开发地方和学校德育课程，引导学生了解家乡的历史文化、自然环境、人口状况和发展成就，培养学生爱家乡、爱祖国的感情，树立维护祖国统一、促进民族团结的意识。

（二）文化育人

整洁、优美、富有教育意义的校园环境是形成整体性教育氛围不可缺少的条件。学校要依据办学理念，结合文明校园创建活动，因地制宜开展校园文化建设，使校园秩序良好、环境优美，校园文化积极向上、格调高雅，让校园处处成为育人场所。

学校要优化校园环境，通过校园建筑、设施等的美化和合理布置，使学生受到良好的熏陶和影响。

学校要充分发挥校歌、校训和校风对学生的激励和约束作用，利用升国旗的旗台和旗杆、校报、校刊、黑板报、壁报、橱窗、走廊、墙壁、地面、广播、影视、图书馆（室）、劳动室、荣誉室、少先队室等多种形式和专用场所积极进行文化建设，营造文化氛围，形成引导全校师生共同进步的精神力量。

学校要建设班级文化、增强班级凝聚力，推进书香班级、书香校园建设，通过校园网站、论坛、信箱、博客、微信群、QQ 群等建设网络文化，提升学生网络素养，打造清朗校园网络文化。

（三）活动育人

各类科技、文娱、体育及班团队活动是发展学生个性特长、促进学生身心健康发展、培养良好道德情操的重要途径。学校和班级要精心设计，组织开展主题明确、内容丰富、形式多样、吸引力强的教育活动，寓思想品德教育于活动之中，对学生进行生动、形象的思想品德教育，以鲜明正确的价值导向引导学生，以积极向上的力量激励学生，培养学生的兴趣爱好，扩大学生的视野，帮助他们了解和认识社会，形成良好的思想品德和行为习惯。

发挥传统、现代节日的涵育功能和重大纪念日、重大历史事件的爱国主义内涵，开展节日纪念日的庆祝、纪念和主题教育活动，涵育学生的家国情怀，激发学生的爱国热情和奋斗精神。利用春节、元宵、清明、端午、中秋、重阳等中华传统节日开展介绍节日历史渊源、精神内涵、文化习俗等校园文化活动，增强传统节日的体验感和文化感，增进家国情怀、增强文化自信。利用学雷锋纪念日、中国共产党建党纪念日、中国人民解放军建军纪念日、七七抗战纪念日、九三抗战胜利纪念日、九一八纪念日、烈士纪念日、国家公祭日等重要纪念日以及地球日、环境日、健康日、国家安全教育日、禁毒日、航天日、航海日等主题日，设计开展相关主题教育活动，激发人们的爱国主义和集体主义精神，增强环保意识、生态意识。利用植树节、劳动节、青年节、儿童节、教师节、国庆节等重大节庆日集中开展爱党爱国、民族团结、热爱劳动、尊师重教、爱护环境等主题教育活动，丰富道德体验、增进道德情感。

开展仪式教育活动，仪式教育活动要体现庄严神圣，发挥思想政治引领和道德价值引领作用，创新方式方法，与学校特色和学生个性展示相结合。举行升国旗仪式、入学仪式、毕业仪式、成人仪式等仪式活动和唱国歌、向国旗敬礼、国旗下宣誓、国旗下讲话等活动，强化学生的国家意识和集体意识，增强认同感和归属感。

开展校园节（会）活动。举办丰富多彩、寓教于乐的校园节（会）活动，培养学生兴趣爱好，充实学生校园生活，磨炼学生意志品质，促进学生身心健康发展。

要结合各学科课程教学内容及办学特色，充分利用课后时间组织学生开展丰富多彩的科技、文娱、体育等活动，建立体育、艺术、科普、环保、志愿服务等各类学生社团，培养学生的良好道德情操、意志品质和生活情趣，提高他们的审美能力。

（四）实践育人

重视实践育人，充分利用少年宫、文化馆、纪念馆、科技馆等社会文化教育设施开设活动课程，通过组织学生参观、访问、远足、社会调查、社会服务、军训等社会实践活动，"让学生在亲身参与中认识国情、了解社会，受教育、长才干"①。

开展各类主题实践，组织研学旅行。利用爱国主义教育基地、国防教育基地和公益性文化设施、公共机构、企事业单位、各类校外活动场所、专题教育社会实践基地等资源，开展不同主题的实践活动，激发学生的爱国热情，培养学生的社会责任感。促进研学旅行与学校课程、德育体验、实践锻炼有机融合，利用好研学实践基地，有针对性地开展自然类、历史类、地理类、科技类、人文类、体验类等多种类型的研学旅行活动，培养学生的品格，锻炼学生的意志。

加强劳动实践，开展学雷锋志愿服务。在学校日常运行中渗透劳动教育，积极组织学生参与校园卫生保洁、绿化美化等劳动，教育引导学生参与捡拾垃圾、清扫马路、义务植树、指挥交通等社会公益劳动和洗衣服、倒垃圾、做饭、洗碗、拖地、整理房间等家务劳动，"强化劳动精神、劳动观念教育，引导学生热爱劳动、尊重劳动，懂得劳动最光荣、劳动最崇高、劳动最伟大、劳动最美丽的道理"②，培养学生热爱劳动、珍惜劳动成果的思想感情和艰苦奋斗的作风。通过学校团组织、少先队开展学雷锋志愿服务活动，培养学生奉献、友爱、互助、进步的志愿精神，增强社会责任感。

（五）管理育人

要积极推进学校治理现代化，提高学校管理水平，将中小学德育工作的要求贯穿于学校管理制度的每一个细节之中，实现全方位、全过程和全员育人。

完善学校各项管理制度。健全学校管理制度，规范学校治理行为，贯彻落实《中小学生守则》，结合学校实际制定中小学生日常行为规范，教育引导学生熟知、践行学习生活中的基本行为规范，增强学生的规则意识和制度意识。

加强学校和班主任教育管理工作。校级教育工作主要是结合学校实际

---

① 中共中央文献研究室：《习近平关于青少年和共青团工作论述摘编》，北京：中央文献出版社，2017年，第77页。

② 中共中央办公厅、国务院办公厅：《新时代公民道德建设实施纲要》，北京：人民出版社，2019年，第10页。

组织全校性的教育活动，通过升旗仪式、重要集会、校长讲话等制度加强日常管理。班级是学校进行德育的基层单位，班主任工作是培养良好思想品德和指导学生健康成长的重要途径，班主任通过班级管理和班级教育开展经常性的思想品德教育和组织管理，强化集体意识，建设良好班风，各学科教师要主动配合班主任，共同做好班级德育工作。

积极开展共青团、学生会和少先队工作。共青团和学生会是学生自我教育的重要组织形式，是学校德育工作中一支最有生气的力量。共青团和学生会工作主要通过健康有益、生动、活泼的活动，引导学生树立远大的理想和良好的道德风尚，继承革命传统，学会自我教育、自我管理。少先队教育主要通过少先队组织和少先队辅导员发挥少先队员的积极性、主动性、创造性，开展集体生活和丰富多彩的活动，"把广大少年儿童团结好、教育好、带领好"[①]。

开展心理咨询，关爱特殊群体。心理咨询是培养学生健康心理品质的有效途径。主要通过谈心、咨询、讲座、热线电话等多种形式对不同层次学生进行心理健康教育和职业指导，帮助学生正确处理学习、生活、择业、人际关系等方面的心理矛盾和问题，提高他们的心理素质，培养承受挫折、适应环境的能力。加强对经济困难家庭子女、单亲家庭子女、学习困难学生、进城务工人员随迁子女、农村留守儿童等群体的教育关爱，及时关注其心理健康状况，积极开展心理辅导，提供情感关怀，引导学生心理、人格积极健康发展。

另外，学校教育必须与家庭教育、社会教育密切配合，实现协同育人。家庭是人生的第一所学校，"家庭是孩子的第一个课堂，父母是孩子的第一个老师"[②]。家长的思想品德、行为习惯、爱好特长和对子女的教育方法对学生思想品德的形成和发展具有特殊的、潜移默化的作用。家庭教育主要通过亲子之情的感化激励、家庭生活的渗透熏陶及家长的言传身教为子女的健康成长提供良好的家庭环境，"帮助孩子扣好人生的第一粒

---

① 中共中央文献研究室：《习近平关于青少年和共青团工作论述摘编》，北京：中央文献出版社，2017年，第34页。

② 中共中央文献研究室：《习近平关于青少年和共青团工作论述摘编》，北京：中央文献出版社，2017年，第33页。

扣子，迈好人生的第一个台阶"①。学校和教师主要通过家长委员会、家长接待日、"家长学校"、家访、家长会等形式密切与家长的联系，指导家庭教育，促进家庭教育与学校教育协调一致。根据国家有关法律和中央有关文件的规定，各级政府和社会各部门均应履行关心、促进和保护青少年健康成长的义务。各级教育行政部门和学校应采取有效措施，协调社会力量支持和参与德育工作，积极开发利用社会的德育资源，开辟青少年教育的社会舆论阵地，加强社会文化市场及娱乐场所的管理，提供青少年需要的丰富多彩、健康有益的精神食粮，逐步建立学校与社会相互协作的社会教育网络，共同营造关心下一代健康成长的良好社会教育环境。

三、全国中小学德育工作典型经验

全国中小学深入贯彻落实中央和教育部有关文件精神，结合本地实际开展优秀传统文化教育、理想信念教育、行为习惯养成教育、生态文明教育等丰富多彩的德育教育活动，取得了显著的成效和良好的社会影响。如北京市上好"开学第一课"弘扬伟大抗战精神，上海市将社会主义核心价值观融入教育教学全过程，河南省着力构建学校、家庭、社会三结合体系努力培育和践行社会主义核心价值观，吉林省长春市打造"时事新闻课"探索地方特色教育，黑龙江省鸡西市中小学德育工作实施"养成、体验、实践"德育做法和经验，涌现了北京市东城区史家胡同小学、天津市西青区付村中学等一批德育工作先进典型。

（一）北京市东城区史家胡同小学②

史家胡同小学在课程中打破德育与智育分离的二元论，将德育内容渗透教育教学全过程。该校负责人表示，首先，学校将家国底蕴与国际视野相结合。学校语文课程坚守其文化性特点，组织开展古文字绘画、整本书阅读、诗词吟诵、汉服礼仪、文言小剧、文言思辨、"本草电台"等多种形式的传统文化学习活动，引导学生触摸传统文化的脉搏。英语课程则以"文化无边界"为价值取向，基于国家认同感、民族自豪感与历史使命感

① 中共中央文献研究室：《习近平关于社会主义文化建设论述摘编》，北京：中央文献出版社，2017年，第148页。

② 武文娟：《史家胡同小学 课程"无边界"德育渗透教育全过程》，《北京青年报》，2019年2月17日，第3版。

的跨文化培养，致力于让学生在掌握语言交际工具的同时开阔视野，并在理解文化差异、尊重人类尊严的基础上积极参与全球事务。

其次，学校将个人成长与责任担当相结合。学校综合实践课程本着"价值体认、责任担当、问题解决、创意物化"的课程目标，开展"Maker 创意挑战赛"学习项目，不断培养学生的创新精神、实践能力和社会责任感。

此外，值得一提的是，学校为进一步增强德育课程的针对性和实效性，还开发出"博悟课程"与"服务学习"，目前已成为学校德育课程的突出亮点。

其中，"博悟课程"包括"漫步国博"和"博悟之旅"两大系列，立足博物馆的丰富馆藏，从传统文化中寻求对当代青少年进行社会主义核心价值观教育的资源支持。"漫步国博"带领学生走进国家博物馆开展学习，按照说文解字、服饰礼仪、美食美器、音乐辞戏四个主题，带领学生探寻博物馆珍藏文物背后的故事。"博悟之旅"则将博物馆中的文物资源引入国家课程，形成学校课堂的有效补充。依据"创造、尊重、责任、生命、规则"即学校所倡导的"五大意识"形成 150 个教学主题。

"博悟课程"在实施过程中整合了语文、数学、科学、美术、音乐、舞蹈、体育、品生、品社、劳技、信息、综实等小学阶段的 12 门学科，多学科老师带领学生基于文物资源进行价值认知，依托课程活动进行价值体验，最终指向行动自觉的"价值养成"。

"服务学习"课程则是在空间上突破学校与社会的边界，将服务与学习紧密结合，让学生走出课堂，走进家国社会，运用所学知识服务他人。在"服务学习"中，通过文化传承、公共安全、养老助老、扶贫帮困、环境保护等一系列关乎国计民生的社会发展大命题，开阔了孩子们的视野。

（二）天津市西青区付村中学①

首先，思想道德建设好。其一，校园内外广泛悬挂公益广告，每周升旗仪式上，全校师生齐诵社会主义核心价值观。其二，利用重要时间节点组织师生参观精武门·中华武林园－霍元甲纪念馆、周恩来邓颖超纪念馆和平津战役纪念馆，引导学生将"我的中国梦"牢记心间。其三，学校有

---

① 《文明根蕴付中 文明花香满园——付村中学文明校园创建"六个好"》，http://fczx.tjxqjy.com/show.jsp?classid=2009101316272915464&informationid=201812120930584358。

专职心理健康教师，建立心理健康微信群，随时关注学生心理健康方面的问题。其四，每个月进行教师月度人物表彰和学生点赞活动，开展文明班级、文明教师、文明学生评选活动。

其次，活动阵地建设好。其一，建设书香校园，每年组织学生参加"大田杯"好书伴我成长活动，学校开展经典诵读活动。其二，校园橱窗和班级板报、团队教室、学校荣誉室等共同发挥着弘扬主旋律的作用。其三，学校有微信公众号，有专门的德育网站，各班有班级主页，对家校沟通、对外宣传起到了支持促进作用。

再次，校园文化建设好。其一，"一训三风"：校训"励志修身报国"，校风"崇德尚学"，教风"乐道助人"，学风"乐学善思"。设计有体现学校传承和期望的校徽、本校教师自创的校歌《付中辉煌》。其二，"'716'学生形象工程建设"是学生成长教育的主要抓手，实践着"面向全体，注重个性，让生命因教育而精彩"的办学理念。其三，每年四月为校园艺术节，培养学生的个人素养与审美情操。其四，学校开设了 22 个社团，拓宽了学生视野，为学生健康成长全面发展尽责。

最后，校园环境建设好。其一，创建平安校园：开展主题活动、国旗下讲话、板报宣传，将平安校园创建列为文明校园的首要任务。每学期进行安全专题教育，做好避险、逃生疏散演练工作。其二，建设美丽校园：校园干净整洁，楼前的主题宣传展板体现出付村中学办学特色，校园净化绿化美化。

第三节　四川省中小学德育工作的典型案例

四川省虽地处西部，整体教育水平还不发达，教育发展还不够均衡，城乡教育差距还较大，但教育也取得了较大成绩，在全国有较大影响，尤其是四川省的成都和绵阳地区基础教育领跑全川、西部领先、全国知名，产生了以成都七中、成都外国语学校、成都市实验小学、绵阳东辰国际学校、绵阳中学等为代表的一批全国知名的中小学，其开展德育的经验具有典型性和创新性。四川省委书记彭清华在四川省教育大会上强调，"要坚定贯彻习近平总书记关于教育的重要论述和对四川省教育工作的重要指示精神，全面落实全国教育大会部署要求，以凝聚人心、完善人格、开发人力、培育人才、造福人民为工作目标，培育德智体美劳全面发展的社会主义建设者和接班人，加快推进教育现代化、建设教育强省、办好人民满意的教育，为推动治蜀兴川再上新台阶提供有力人才支撑和智力保障"①。

一、成都地区知名中小学的德育经验

成都市是四川省省会城市、国家中心城市、全国特大城市、西部基础教育高地，产生了以"四、七、九"学校为代表的高中和以成都外国语学校、成都市实验外国语学校为代表的小初高一体化学校和以成都市实验小学、成都市龙江路小学为代表的小学等一批公办和民办知名学校。

（一）成都树德中学（成都九中）的德育经验

成都树德中学（成都九中）建校于 1929 年，是四川省首批"省级重点中学"、省市首批"校风示范校"、首批"国家级示范性普通高中"。学校先后被评为"四川省精神文明单位""全国德育工作先进集体"。学校教育教学质量一直位居全省顶尖水平，多项教育改革走在前列。

成都树德中学秉持"树德树人，卓育英才"的办学思想，"坚守以'德'为核心的育人主张（见图 4-1），成为学校教育文化中不曾动摇的主线"，"'坚实美德基础，追求卓越人生'成为学校主题教育思想"②，致力于建设"学术思想领先、教育品质一流，以研究和创新为显著特征的现代卓越学校"，以"为高校输送基础宽厚、品性卓越、具有创新潜质的杰出学生，为培养未来社会的优秀公民、专门人才和领军人物奠定坚实基础"为教育使命和办学目标，"让'崇尚创新、追求卓越'成为学校的文化品格，并努力在全校培育'支持、主张并引领学生在最有兴趣、最具潜力的领域自由探索，保护并鼓励独立思想和创新精神的蓬勃生长'的文化氛围"③。

---

① 张守帅、江芸涵：《四川召开全省教育大会》，http://www.jyb.cn/rmtzgjyb/201811/t20181128_121712.html。

② 陈东永、李红鸣、郭子其：《基于每位学生充分发展的学校课程创生设计——以成都树德中学"卓越人生"教育学校课程建设为例》，《课程·教材·教法》2015 年第 8 期，第 86～87 页。

③ 陈东永、李红鸣、郭子其：《基于每位学生充分发展的学校课程创生设计——以成都树德中学"卓越人生"教育学校课程建设为例》，《课程·教材·教法》2015 年第 8 期，第 87 页。

图4—1　成都树德中学第十八届德育研讨会①

　　"树德中学视'德'为教育之魂，注重培养学生的社会责任与担当，注重培养大写的'人'，强调学生拥有开放的国际视野，具有极强的社会实践能力与创造才能，引领学生追求卓越。"② 构建了以"德性滋养、人格完善、学习力提升、创新力培育、实践力发展、领袖力奠基"为核心内容的"卓越人生"教育体系。"'卓越人生教育'是树德中学在新的发展阶段，汲取学校的历史文化精华、着力深化'树德树人'的办学思想、凸显'以学生的成长和发展为本'、关注学生可持续发展和卓越成长的教育，是学校教育思想与实践的新探索。"③ "学校立足于学生道德力、学习力、实践力、创新力、领袖力'五大核心素养'，形成了品格课程、实践课程、学术课程和未来课程'四大课程体系'。其中，品格课程包括文明养成、德性塑造、责任培育。"④ 文明养成意在培育学生的优秀习惯和文明素养，孕育自由、纯洁、美好的内心，塑造学生独立、自信、勇敢、坚韧、宽容、协作的人格，主要课程有国学讲堂、中国风度、世界礼仪、军事训练

　　① 《树德中学第十八届德育研讨会顺利召开》，https://www.sohu.com/a/283641191_757471。

　　② 陈东永、李红鸣、郭子其：《学校文化生态教育的整体育人实践研究——以成都树德中学的"卓越人生"教育为例》，《中国教育学刊》2018年第3期，第99页。

　　③ 陈东永：《眺望"卓越人生"的学校课程建设——成都树德中学深化育人实践的追求与探索》，《教育科学论坛》2015年第2期，第29页。

　　④ 陈东永、李红鸣、郭子其：《学校文化生态教育的整体育人实践研究——以成都树德中学的"卓越人生"教育为例》，《中国教育学刊》2018年第3期，第99～100页。

等；德性塑造主要课程有卓越人生讲堂、"典礼课程"、哲学与人生等；责任培育主要通过培养学生的"三个勇于"，即"勇于负责、勇于追梦、勇于担当"来塑造他们的理想和担当，主要课程有校园之星评选、树德学子论坛、校园"两会"等。

学校整合德育课程与智育课程，创建"七个一"学校德育系统，即一个主题——"坚实美德基础，追求卓越人生"；一个核心——社会主义核心价值观；一个载体——"卓越人生教育"；一个传承——传承以德为核心的中国文化（见图4-2）；一个主渠道——课堂教学；一个协同力量——充分发挥家庭和社会的教育协同力量；一个德育新实践体系——修养美好心灵而立和谐饱满之人、塑造卓越品性而立仁爱正义之人、培育远大理想而立勇于担当之人。①

图4-2　研读圣哲经典，传承华夏文明②

（二）成都石室中学（成都四中）的德育经验

成都石室中学（成都四中）是四川省首批一级示范性普通高中。学校坚持以"社会主义核心价值观"为导向、以"立德树人"为根本、以培育学生的关键能力为重点、以奠基领军人才成长为任务，扎扎实实地开展教育活动。重点组织和开展礼仪教育、诚信教育、校园艺术节、18岁成人礼、田径运动会、班级合唱比赛、新生韵律操比赛、诗歌朗诵比赛、戏剧

---

① 陈东永、李红鸣、郭子其：《基于每位学生充分发展的学校课程创生设计——以成都树德中学"卓越人生"教育学校课程建设为例》，《课程·教材·教法》2015年第8期，第91页。

② 《研读圣哲经典，传承华夏文明》，http://www.dianping028.com/view.php?d=3723。

节、寝室文化节、六旅体验活动〔名校之旅、红色之旅、农村之旅、艺术之旅、军营之旅（见图4-3）、科技之旅〕等经典教育活动。学校坚持把培育学生社团文化作为德育工作的重要内容，加强对学生社团的管理和引导，充分利用社团的趣味性、多样性、体验性，高效地开展丰富多彩、各具特色的社团活动，如开展"志愿服务活动""社团文化活动周""跳蚤市场""新年游园""对联字谜""模拟联合国大会""商业模拟挑战赛""石室好声音"等活动，培养学生综合素质，提升学生的生命价值感。两校区现有文学类、艺术类、科技类、体育类、综合类、传媒类6大类学生社团，社团数量共计63个。其中，模拟联合国协会荣获全国最佳组织奖（见图4-4），国学社被评为全国百佳中学生社团，"根与芽"社团被评为优秀志愿者团队。学生参与社团活动热情高涨，参与率高达98.8%。

图4-3　在实践中收获，在收获中成长——文庙校区学生走进消防中队①

---

　　①《在实践中收获，在收获中成长——文庙校区学生走进消防中队》，http://www.cdshishi.net/newsshow.aspx?mid=165&id=1297。

图4-4 探赜索隐 走向未来——第十二届成都石室中学模拟联合国大会（2019）①

（三）成都市龙江路小学的德育经验

成都市龙江路小学是由成都市武侯区教育局举办的一所知名公办小学，是成都公办小学"五朵金花"之一。该校主要的德育经验就是以"愉快教育"为办学思想，以培养"品德良好、行为规范、思维活跃、体魄健美、个性充分"的龙小学生为目标，着力构建"龙娃娃志愿者"德育课程体系。一是让"善待自然"成为一门必修课，学校自主开发了《绿色足迹》环保教育读本，设立了环保专题学习网站，提供了全校自愿参加的环保志愿体验课程——"回收牛奶盒快乐做环保"，组织学生参加成都市观鸟会、走进"黑熊基地"等环保活动，"龙江路小学在尊重孩子身心发展规律的前提下让'善待自然'的价值观通过序列化、体验性的活动课程逐渐浸入学生的心中"②。二是采取学校引导和学生个性选择相结合的方式来推进志愿者活动，根据不同年级学生的身体发育、认知水平、活动能力等情况明确相应年级的活动主题，分层开展活动，学生根据自己的兴趣及能力自主参与，或结合家庭、社区的需求自发开展志愿服务。让"关爱他人"成为一种习惯，如组织学生开展向甘孜州白玉县的贫困藏族儿童捐赠

---

① 《探赜索隐，走向未来——我校举行2019成都石室中学模拟联合国大会》，http://www.cdshishi.net/newsshow.aspx?mid=165&id=1269。

② 刘檩：《我为友善代言——四川省成都市龙江路小学构建"龙娃娃志愿者"德育课程体系》，《中国德育》2015年第14期，第68页。

旧冬衣的"暖冬"行动。三是设计"我是小小职业人""我是文明劝导员"和"毕业典礼志愿者"等校内外岗位，通过四川省博物院志愿者活动基地和学校毕业典礼等活动为孩子们提供小小解说员、"礼仪小姐"等工作体验岗位，让"尊重自身体验"成为一种时尚。通过志愿者活动提升了自信，变得更有责任感、更有爱心，孩子们在活动中感受到了帮助别人的快乐，变得更了解他人和社会。

（四）成都市实验小学的德育经验

成都市实验小学是一所有上百年历史、有深厚文化底蕴、积累了丰富和先进的办学经验的成都知名小学，是成都公办小学"五朵金花"之一。该校秉承"堂堂正正做人，勤勤恳恳做事"的校训，以"小学校，大雅堂"为办学理想，以"实验"为发展基因，生发出"立德树人、守正尚勤"的德育理念，以培养合格小公民和"堂堂君子"为德育目标，聚焦学生公民意识的培养，开展公民教育实践，促进学生德才兼修，成为文雅学子。一是重构公民教育的环境合力，搭建学生公共生活的外围平台，通过唤醒与激发教师公民教育意识，由此及彼着力学生公民教育；家校共育，营造公民教育环境；变革后勤管理，挖掘校工育人功能。二是着力学生自主学习，实现课堂转型，通过商讨课堂公约，树立平等意识；深化课堂改革，强化民主意识。三是创设班级公共岗位，实现班级自主管理，鼓励各个班级在班级管理中给学生更多的民主权利，并让其知晓、承担对班级的责任。四是调整虚拟 A 城，拓展校园公民生活体验，A 城是一个虚拟的城市，它模拟现实中的城市管理设置了多个职能部门。A 城下设自主管理中心、自主活动中心、服务支持中心等主要机构，为学生创设民主选举、民主管理、体验公共生活的渠道，培养学生的爱国意识、集体意识、规则意识、诚信意识、主体意识、自主意识、民主意识和服务意识。[①] 随着研究实践的进一步推进，学校德育也逐步实现了转型，从"培养道德先进"逐渐过渡到"培养合格公民"。

二、绵阳地区知名中小学德育的经验

绵阳是四川省第二大城市，基础教育较为发达，形成了著名的"教育

---

① 陆枋、李蓓、夏英：《培养合格小公民——成都市实验小学公民教育实践缩略》，《中国德育》2013 年第 14 期，第 59 页。

经济"现象，产生了四川省绵阳中学、四川省绵阳南山中学、四川省绵阳东辰国际学校、四川省绵阳外国语学校、绵阳中学英才学校、绵阳市实验小学等一大批全国和省内知名的中小学。

（一）绵阳中学的德育经验

绵阳中学为省一级示范性普通高中，是清华大学"领军计划"和北京大学"博雅计划"推荐资质学校、中国高中百强学校。学校以"乐学修德，卓行天下"为校训，构建了"党建引领、一核六维，为党育人、为国育才"品位教育质量管理模式，在"和谐、自主、创新"的办学思想指导下，升华出"多元培养、全面育人、品位教育"的办学理念，为每一位学生创造最佳的发展空间，凝聚成"健康成长、快乐学习、全面发展、终身幸福"的核心教育价值观。

绵阳中学推行了以"尊重、实践、发展"为宗旨的大德育理念和活动，以培养"品德高尚、行为高雅、本领高强""三高"学子为办学目标，为党育人、为国育才，在学校德育方面积累了丰富的经验，取得了良好的效果。强调作为教育工作者坚持立德树人，培养学生坚定理想信念、厚植爱国主义情怀、加强品德修养、培养奋斗精神、增强综合素质，培养更多满足党、国家、人民、时代需要的栋梁之材。

一是以立德树人为根本任务，实施"绿色德育"，帮助学生"扣好人生第一颗扣子"，培养学生坚定理想信念、厚植爱国主义情怀、加强品德修养、培养奋斗精神、增强综合素质，以自然、和谐、人文、民主的教育精神为核心，深入实施全员育人、精准德育和学科德育。

二是推行五节三周（体育运动节、科技创新节、博闻读书节、音乐合唱节、校园文化艺术节、优秀班集体展示周、社团成果展示周、心理健康周），涵盖人文、科学、生活、人格、社会、实践六个方向，推行实践育人（见图4－5）、节日育人、导师育人、活动育人。

图4-5 "学雷锋"志愿服务活动①

三是改进德育工作理念，提升队伍德育能力，注重发挥班主任的德育主体作用，通过培训指导、情况督查、严格考核等加强班主任的培训、考核。

四是加强对学生的心理健康教育，在学校层面召开广播大会、定期进行心理测量、建立"高三高考护航系统"、举办"开启新旅程"系列专题心理讲座，在班主任层面每月举行心灵教育主题班会、制作心理读物、推荐班会课心理视频，在心理学教师层面定期开展心理咨询、举办"心晴空间"、举办"绵阳中学学生课外心灵成长班"，在家长层面为家长编印《放飞梦想》《静待花开》等教育读物、开设家长"一对一"咨询、组建家长心理群、成立家长学校等方式，帮助家长科学把握教育规律，加强了家校之间的沟通交流。

五是整合开展学生主题德育活动（见图4-6），突出思想教育时效，编制《我给学生讲社会主义核心价值观》和《中华经典诵读·绵中篇》弘扬社会主义核心价值观，坚持开展"道德讲堂"和"中华经典诵读"活动，编订《经典诵读读本》，积极开展社会服务实践和形式多样的传统活动，实现学生德育工作、校园活动的常态化、规范化。

---

① 《绵阳中学务实开展学雷锋系列活动》，http://www.scmyzx.com.cn/mobileweb/article_content/GreenMoral/297e9e796b5d4d89016bcf31749b028d.htm。

图 4-6　红与黑的人生，善与恶的人性——绵阳中学高 2018 级学生阅读分享活动①

　　绵阳中学还有一个特色就是培养空天人才。2015 年 3 月 21 日，绵阳中学被正式批准组建"空军青少年航空学校"（见图 4-7），绵中航空实验班确立了"三个绝对"和"五个特别"的培养目标，即绝对忠诚、绝对纯洁、绝对可靠；特别有礼貌、特别守纪律、特别讲奉献、特别能吃苦、特别能战斗，立志要为国家培养"为人民飞行"的优秀空天人才。②

图 4-7　航校标语③

---

　　①　《红与黑的人生，善与恶的人性——绵阳中学高 2018 级学生阅读分享》，http://www.scmyzx.com.cn/html/201903/0453aa01a51e4000abff4664c5a0fdbe.html。

　　②　《四川省绵阳中学航校简介》，http://www.scmyzx.com.cn/pcweb/article_list/Airabout.htm。

　　③　《四川省绵阳中学航校简介》，http://www.scmyzx.com.cn/pcweb/article_list/Airabout.htm。

（二）绵阳外国语学校的做法和经验

绵阳外国语学校作为绵阳基础教育品牌学校，是一所环境优美、设施完善、业绩辉煌的现代化学校，以"美丽小学、魅力初中、精品高中"对学生实施连续流畅、衔接自然的十二年一贯制优质基础教育，在开展德育方面积累了丰富的经验。

学校以"学贯中西、彰显个性"为办学宗旨，"学校以培养'具有全球意识，以民族复兴为己任的现代人'为育人目标"[①]。学校本着尊重生命，崇尚个性的人文德育理念，以"文明、健康、智慧、幸福"为德育目标，形成一套内涵丰富、形式多样、成效显著的德育机制。以"感恩教育、亲情教育、礼仪教育、心理教育、体验教育"为德育活动载体，通过多种平台丰富教育内涵，陶冶学生情操。学校不断创新德育模式，专注培养学生五大品质：热爱民族文化、具有世界眼光、身心健康成长、素养高雅卓越、知识全面扎实，被同行誉为"五朵金花"之一。[②]

1. 通过校园文化建设营造德育的良好氛围

学校在校园里设立德育宣传栏和主题教育展，在教室张贴标语、LED显示屏滚动宣传标语，举办"一带一路"走进校园、绵外学子走向世界——球类运动会文化展示、班主任文化节主题板报展示，校园文化注入地方特色——"成绵乐高铁"地方文化展示活动等。绵外的这些理念和举措为学生提供了优质的学习环境和高品质的教育平台，渗透了德育的价值理念，营造了良好的德育氛围。

2. 小学部通过丰富多彩的文体活动、德育活动开展德育教育

绵阳外国语学校小学部共有学生 2400 余人。其德育注重依据小学生的特点，渗透在学部的办学宗旨、教育理念、德育特色活动和文体活动中，主要有以下几方面：

学部提倡以"素质教育"为宗旨，以"和谐、赏识、个性"为指导思想，抓好学生的启蒙教育，在丰富多彩的活动中实实在在抓好兴趣的启

---

① 徐勇：《四川省绵阳外国语学校　培养创新人才的思考与实践》，《国家教师科研专项基金科研成果》（语文建设卷 2）2013–08–01。

② 《绵阳外国语学校》，《教育科学论坛》2015 年第 7 期，封面。

蒙，引导学生求真思辨，教育学生诚信向善。

学部坚持"三不四让"的教育理念，"三不"：不嫌弃、不挑剔、不放弃每一个学生，即关注每一个学生的进步与发展。"四让"：让每个学生自信做人——都抬起头来走路；让每个学生快乐成长——都微笑地接受教育；让每个学生主动学习——在课堂上都有所作为；让每个学生不断发展——在原基础上都有进步。

学部以小班化教学为基础，在开齐开足国家课程的基础上，认真开设选修课程、活动课程，全面培养学生的学习兴趣和特长，为学生的个性张扬铺路，为孩子的灿烂人生奠基。开设了如经典诵读、小记者、象棋、围棋、书法、国际理解、乒乓球、篮球、电脑动画、网页制作、陶艺、短式网球、模拟驾驶等30多个课程项目。

学部注意德育进教材、进课堂。在"小学品德、生活与社会"课程中结合生活实际通过鲜活的案例开展教育，开发校本教材《小学生德育教育手册》。倡导教育生活化，教会学生学会做人。

学部扎实开展"六朵金花"（礼仪教育、感恩教育、亲情教育、体验教育、心理健康教育、法制安全教育）特色德育教育活动，让学生身心健康成长。

学部积极开辟学生社会实践活动基地，让学生走向社会（绵阳市科技博物馆科技教育、爱国教育基地，高新区老年公寓、永兴敬老院感恩教育基地，梓潼生态农场劳动实践基地等），在学生心中形成正能量。

学部还依据小学生的特点，注意以行为礼仪操、阶梯教育、班会主题教育、德育时间、读书节、"诵古今经典 传华夏文明"经典诵读系列活动（见图4-8），以及"我的梦、中国梦"征文、演讲活动等各种文体活动和德育活动培养学生良好的文明行为习惯，以渗透方式开展德育教育。

图4-8 "诵古今经典 传华夏文明"经典诵读系列活动①

3. 初中部注重德育三进教育：进教材、进课堂、进头脑

在历史、地理、政治等课程中通过学科教师和课堂集中开展德育教育，让历史和政治老师在重大节日、纪念日、名人诞辰日策划纪念活动和主题展览，帮助学生懂得富强、爱国、敬业、文明等核心价值，做到入脑入心。

学部积极构建德育教育管理八大体系（全校德育教育和德育部主任助理系统，年级组长、班主任系统，生活教师教育和管理系统，学校安全教育和校警保卫系统，学生会、共青团、少先队系统，医疗、卫生保健系统，生活服务系统，各地区家长委员会），通过班会、主题教育活动、文明礼仪活动等向学生渗透核心价值观教育。

学部还构建了学校、社会、家庭"三位一体"的德育教育体系，以多种形式和途径开展道德教育。学校德育：主管德育教育的副校长、政教处、安全处、德育教育助理、年级组长、班主任、科任教师，学生会、团支部、班委会、少先队，学生党校、学生团校、青年志愿队。社会德育：建立爱国主义教育基地（科学城"两弹一星"科技博物馆、长虹科技博物馆、江油李白纪念馆、南山烈士公墓）和国防教育和军训实验基地（江油某部队训练基地）；每年聘请普明派出所所长为学校的法制教育副校长并开设法制教育课；建立"心连心"教育活动实验基地——绵阳北川擂鼓初级中学、三台观桥中学、盐亭富驿中学、北川永昌中学；与普明三河堰社区建立社会治安综合治理联防队；警校共建"2+5"即各个部门德育教育

① 《"诵古今经典，传华夏文明"经典诵读系列活动一》，http://www.myfls.com.cn/html/201811/388D5416234C49C6BC8C5D19C09EB485.html。

联系点，如消防培训、交通安全培训等。家庭德育：成立家长委员会，开办家长学校，定期召开学生家长会，建立家校联系卡。

学部还举办各种文体活动渗透核心价值观培育，如"魅力初中　群星闪耀——魅力之星"风采展示；"青春、责任、感恩、成长"为主题的成长礼仪式；"品书法艺术，写精彩人生——读书节书法入门"讲座；"从书中学到文明——升旗仪式国旗下讲话"；传承经典文化，弘扬民族精神——读书节国学讲座；国旗下讲话"注重仪容仪表，争做文明学生"；故事走进课堂，经典点亮人生 ——九年级举行"朗读者"主题活动（见图4-9）；文化引领成长，班级凝聚力量——初中部第十二届班级文化节启动仪式；理财社团：二手货交易精选——第三届学生社团风采节；迈入青春门，走好人生路——初一年级学生成长礼仪式；爱劳动　爱学习　爱祖国——初中部"三爱"主题班会活动；观学"最美孝心少年"，争创绵外优秀学子；初中部"新北川　爱老亲子感恩文化活动"之旅；"唱红歌，展风采"——初一年级唱红歌活动；缅怀革命先烈　弘扬民族精神——外国语学校清明祭扫烈士陵园；观看"嫦娥飞天"，弘扬民族精神；如何在绵外发扬雷锋精神——初中部学雷锋系列活动；永远的丰碑，历史的超越——纪念"一二·九"运动；牢记历史　勿忘国耻——抗战胜利70周年图片展等。

图4-9　故事走进课堂，经典点亮人生 ——九年级举行"朗读者"主题活动①

4. 高中部通过课堂教学、德育时间和社团机构等开展核心价值观教育

绵外高中本着"敢于竞争，追求卓越"的精神，以实施精细化管理、

————————

① 《故事走进课堂，经典点亮人生——九年级举行"朗读者"主题活动》，http://www.myfls.com.cn/html/201811/45f50da105da45ba9d0a7db53064dfe3.html。

坚持多元出口、培养高端人才、打造精品高中、建设精英文化为理念，全面提升学生素质。通过语文、历史、政治、地理等课堂结合实际开展价值观教育；通过开设法制教育课和法制讲座培养学生法律意识；通过环保社、街舞社、文学社、摄影社、动漫社、广播社等十余个社团和班委、团委让学生学会自我管理、民主管理；订阅报刊、设立报栏让学生了解国家大事；每天晚上设立德育时间，每周召开主题班会（纪念"一二·九"运动主题班会、纪念"九一八"国难日和"重阳节"活动等），不同月份举办"弘扬民主精神月"、"成人仪式"、班主任文化节、读书节，运动会入场式展示中华文明等让学生学会感恩、学会做人。

（三）绵阳市实验中学教育集团的主要做法和经验

绵阳实验中学是绵阳城区公办优质中学，推进九年一贯制教育，现有在校小学、初中生 6000 余人，学校以"优秀加特长"为育人目标，以"着眼未来，追求一流，以德为魂，以人为本，全面发展，突出特长"为办学思想，以"办有灵性的教育，育能创新的人才"为办学理念，在培养中小学生核心价值观方面积累了较丰富的经验。

1. 推进社会主义核心价值观"三进"教育

（1）进教材。在社团活动中开发校本教材，如经典朗读。

（2）进课堂。各学科老师备课中编写涉及社会主义核心价值观的例题、习题、试卷。例题、习题体现在课上，试卷体现在课后。

（3）进头脑。教室里悬挂宣传标语；利用广播系统在课间音乐上进行传唱；办手抄报（小学）和黑板报（中学）；小学阶段（1～3 年级）通过游戏方式，小学阶段高年级通过抽背方式做到入心入脑；利用道德讲堂、传统节日和重大纪念日通过演讲、朗诵、歌唱、舞蹈对学生进行国家层面和社会层面核心价值观教育；利用"国旗下讲话"，组织班会、队会，利用集会时间让全体师生集体朗诵，每天中午广播节目"涪江涛声"在节目开头和结尾均用朗诵等形式开展个人层面教育。

2. 引导学生积极践行核心价值观

大队委、团委发倡议书倡导学生结合身边小事践行；通过礼仪、安静、和谐等系列主题教育活动提倡学生践行；开展家校合作，通过校讯通、QQ 群、微信群采取小手拉大手方式向社会家庭传递社会主义核心价值观；通过德育主题活动，如"九三"中国人民抗战胜利纪念日、国庆节等倡导践行；通过听课、作业完成质量、班级评比体现敬业；开展校园主题活动体现诚信、友善、文明等；对班主任要求"降低重心做小事、促进教育生活化，凝智慧、想大问题，长教育真本质"；班级民主管理中和学校管理中贯穿民主原则。通过努力取得了明显的成效，校园安静了、同学关系和谐了、学习气氛浓烈了，涌现了一批积极践行核心价值观的优秀学生，评选了一批美德少年。

（四）绵阳南山中学的主要做法和经验

绵阳南山中学是位于绵阳的一所百年名校，是四川省首批重点中学、首批"国家级示范高中"、省一级示范学校。学校以悠久的历史、优良的传统、幽静的环境、优化的管理、优异的成绩享誉省内外，是教育部"全国拔尖创新人才培养基地"试点学校（全省公立学校仅成都四、七、九中和绵阳南山中学入选）、清华大学"新百年领军计划优质生源基地"（全省仅9所高中入选）、"北京大学博雅计划优质生源基地"。在百余年的办学实践中，绵阳南山中学形成了"让学生做成长的主人，为学生终身发展奠基"的办学指导思想，形成了"爱国读书，勤勉诚朴，求实向上，民主创新"的核心价值取向。在新的历史时期又提出"开启多元启智、阶梯引领、自主发展之门，为每一个学生搭建成功的立交桥"的教育理念。

"学校坚持以班级文化育人、以人文环境熏陶人、以心理教育启迪人、以安全教育守护人、以特色活动锻炼人，积极构建南山德育系列教育的'五朵金花'和四项工程，着力培养'后劲足、潜力大、综合素质高'的阳光学子。"[①] 德育系列教育的"五朵金花"就是感恩教育、体验教育、励志教育（见图4-10）、礼仪教育、自治教育，让立德树人落地生根。感恩教育：开展感恩教师、感恩亲人、感恩祖国系列活动，过好五一节、中秋节、教师节、国庆节、重阳节、班主任节、艺术节等系列活动，教育学生不忘国之恩、社会之恩、老师之恩、养育之恩、知遇之恩，学会知恩图报。体验教育：学校全面开展了劳动体验教育活动，让高一各班新生分批次深入食堂、环卫、门岗、宿舍、医务室等岗位进行切身体验，体会劳动的艰辛，养成尊重劳动成果习惯。励志教育：通过励志演讲、主题班会、歌唱比赛、黑板报、手抄报评比等系列活动，丰富实化励志教育的内

---

① 《多元启智求学圣地　立德树人成才摇篮——四川省绵阳南山中学人才培养实践》，《创新人才教育》2017年第4期，封面。

涵。礼仪教育：重点围绕"礼仪、礼貌、礼节"教育开展，大力弘扬"讲文明、重礼仪"传统美德，从穿着、坐姿、用餐、就寝，到待人、接物、交谈、与人相处的礼仪，均进行了全方位的系统培训教育。自治教育：实行班级干部轮换制，开展班级自治、宿舍自治、活动自治为主要内容的学生自主管理系列活动，增强学生的责任意识、自主意识、发展意识。

图 4—10 培养优良品质培育健全人格 遵循教学规律尊重身心发展[①]

该校原校长唐江林是一位具有教育思想和教育情怀的校长，2015 年入选教育部首届中小学名校长领航计划（全国仅 64 人），2018 年入选"四川省名校长工作室领衔人"，提出了自信教育的观念，认为"教育不是改造人而是培养人，是给学生注入强大的学习动力和提供自主学习的平台与手段，最终实现对学生学习意识和学习能力的培养"[②]。他提出了尊重人性、尊重差异、尊重规律、尊重创新的育人原则，细化了"让学生做成长的主人，为学生终身发展奠基"的指导思想，将之阐释为奠基学生终身发展的七个育人目标，即学会做人、学会求知、学会劳动、学会健体、学会审美、学会生活、学会创新。他提出了学校育人路径，即多元启智、阶梯引领、自主发展，为每一个学生搭建成功的立交桥。多元启智就是建设多元化的课程体系、开展多元化的教学活动、进行多元化提升自信的评价，全面夯实自信教育大厦基础。阶梯引领就是为学生搭建螺旋式上升的成长阶梯，学校首先将自信发展划分为"德育阶梯""学习阶梯""家教阶

第四章

新时期中小学德育的实践探索

---

① 《培养优良品质培育健全人格 遵循教学规律尊重身心发展——南山中学开展系列精品德育主题班会》，http://www. scmyns. com/index. php?m＝content&c＝index&a＝show&catid＝138&id＝2887。

② 唐江林：《自信教育：人生品质教育的基石》，《创新人才教育》2017 年第 4 期，第 28 页。

梯""情商阶梯"四个类别，再从"初级阶梯""中级阶梯""高级阶梯"三个层次逐步引领学生在自己的强势智能领域快乐成长，并以此来对其弱势智能施加积极影响。"德育阶梯"的核心主题是"设计成长历程，承担成长责任"。初级目标是引领学生做一个有良好习惯、遵纪守法的公民，主要通过公民道德教育、法治教育、体验教育和礼仪教育等主题活动来实现；中级目标是引领学生做一个有责任心、有孝心、有爱心、有感恩之心和爱国之心的人，主要通过持续开展亲情教育、感恩教育、爱国主义教育、心理辅导等活动努力培养学生的人文情怀；高级目标是引领学生做一个有修养、会审美、爱科学、勤动手、敢创新的人，主要通过持续开展礼仪教育、体验教育等活动提升学生综合素质。自主发展就是为学生构建"自我服务、自我管理、自我教育、自我发现、自我激励、自我实现、主动发展"的自主管理体系，逐步丰盈自信教育大厦内涵，逐渐唤醒学生的主体意识，让他们自觉形成责任、自制、真诚、公正、合作、宽容、友爱等价值观，从而实现自主学习、自主管理和自我发展。

第五章　新时期中小学德育实践模式的重构

在新的发展时期，中国始终把发展教育摆在优先位置来抓。"四川作为我国西部人口大省、科教大省，必须深入学习领会习近平总书记重要讲话精神，全面贯彻落实全国教育大会部署，把教育作为事关治蜀兴川全局的基础工程来抓，立足当前、面向未来谋划推进教育工作，加快建设教育强省，努力办好全省各族人民满意的教育。"[①] 本书课题组成员针对新时期青少年的德育教育方式、效果、问题、经验等方面内容开展了系列调研活动，调研主要采取问卷调查、实地调研及交流访谈等方法，对四川省成都、绵阳、遂宁市的 6 个区、县教育局，6 所小学，5 所初中的德育工作进行了调研。通过调研分析发现，四川省高度重视中小学德育工作，提高新时代中小学德育工作的实效性，将育人工作从小抓起。各级教育主管部门、中小学校对于青少年思想道德教育的重视程度很高，尤其是文化建设、硬件投入、师资队伍建设等方面有了很大程度的提升。青少年的学习生活变得更加充实，学校、家庭、学生之间形成了较为良好的交流沟通。但是调研中也显示出了一个不能忽略的问题——中小学德育工作模式应该以社会发展为基础，以学生新时期的新特点为出发点，密切关注和研究学生所处的环境变化、构建新时期中小学的德育实践工作模式，才能与时俱进，真正取得更好实效。基于理论和实践的分析和探讨，应把握中小学校德育的变革趋势，以中华优秀传统文化奠基，以融入乡村振兴伟大实践凝心，以丰富的研学旅行拓能，打造网络空间育人共同体，着力构建新时期学校德育新模式。

---

① 彭清华：《抓好教育这项管长远管根本的基础工程》，《中国教育报》2018 年 11 月 3 日，第 1 版。

第一节　构建网络空间育人共同体

跟随社会变迁步伐，中国社会按照农业社会、工业社会、信息社会的发展逻辑不断迈进，社会主体也从过去的"农业人"变成现在的"工业人"以及未来的"数字人"。地处中国西部的四川省，中小学教育改革和德育工作也逐步从工业化时代的传统模式快速向着互联网时代的变革要求更新和升级。2019年8月15日，由四川省互联网协会编制的《2018四川省互联网行业发展报告》正式对外发布，四川省互联网普及率高于全国水平，截至2018年四川省网民规模已达6649.2万人。[①] 从全国的统计数字来看，四川省的互联网普及率与国家的普及程度是同步的。互联网时代呼啸而来，逐渐诞生了诸如互联网思维、大数据、云计算、网络金融、电子商务、信息化战争、微课程、翻转课堂等影响深远的新名词、新概念和新模式。这些概念或模式由技术革命带来，并在时代的发展下不断更迭，正在逐渐演变成社会政治、经济、文化、教育、军事等领域的新常态。"互联网已不再仅仅是一种技术，而上升为一种思维范式。思维具有一种普遍的认识论意义，会对所处时代的社会、政治、经济提供一种全新阐释并带来深远影响，互联网思维对社会各个领域的深远影响已经逐步呈现。"[②] 互联网重塑了青少年的生长环境、学习环境，尤其是互联网和多媒体技术已经快速渗透到基础教育的教育条件、教学过程、教学内容中，构成了互联网时代开展学校德育工作的时空环境新要素。摆在教育者面前的是面对不断变化的教育技术、教育环境、受教育主体，如何适时调整并迎接这种变革带来的巨大变化。

一、把握网络时代中小学德育的环境特征

深刻把握网络时代中小学德育的环境特征是德育工作创新的前提。一是网络极大拓宽了青少年获取信息的渠道，让信息的多元广泛传递变成可

---

① 陈淋：《〈2018四川省互联网行业发展报告〉对外发布　截至2018年四川网民规模已达6649.2万人》，http://scnews.newssc.org/system/20190816/000988367.html.
② 白洁：《互联网思维与高校思想政治教育工作模式的融入性研究》，《电子科技大学学报（社会科学版）》2017年第1期，第48页。

能，青少年个体已经成为一个各类信息的集中发送接收器。在人人都是自媒体的时代，任何有手机、电脑等网络终端的地方，都会有信息的网络化传播。网络的开放性让青少年成了人类有史以来知识面最广泛、资源获取最便捷的一代人，而且这种态势还在与日俱增。互联网已悄然代替传统媒体成为青年学生获取各类信息最广泛、最重要的渠道。"00后"的青少年学生是网络"原住民"，他们普遍接受并形成了互联网思维，其生活方式、学习方式、思维方式与"90后""80后"的青少年有较大差异，传统的德育教育工作模式和内容已不能更加有效引导青少年的成长需要。现如今，网络上应运而生的各类平台、APP、网络游戏甚至各路网红都较大程度地融入了青少年的成长空间。身为中小学生的他们再不是仅仅依靠学校、书本、课堂、家长的教育来认识世界、认识社会的孩子，而是成了身心尚未成年但是接收信息的渠道和内容与成人无异的人群。二是网络时代的中小学校园已经突破了地域的界限，变成了一个开放的空间。与传统的校园相比，学校的意义已经不再是相对独立、有着既定的地理区域限制的教育场所，而是兼具现实教育场景与信息化、网络化的虚拟教育场景并存的开放立体空间。在这个立体空间中，教育现代化的特点得以充分体现，使得互联网对学校教育的内容、方式、技术、途径等方面产生巨大的影响。各个省份不同地区的经济发展情况不均衡，但是教育信息技术的运用不同程度地在各个地区的中小学中有所体现，互联网已经成为所有中小学生学习生活和成长过程中不可分割的重要组成部分，并对他们的价值观念、思维方式、政治倾向、道德判断、行为模式及身心健康产生越来越重要的影响和作用。中小学德育教育尽快适应此种情形，帮助中小学生在现实社会与虚拟社会间进行身份切换，并为学生自身成长找到适当的定位。三是网络化的普及让全球化成了重要的成长空间背景，重构中小学德育工作必须要基于全球视野。网络时代将整个世界变成了互通和互联的信息共享交换共同体，在这个庞大的体系里，知识、信息、意识、观念、文化的传播不受时间和空间的限制，来自全球、全世界、各个民族的声音都可以在网络中得以宣扬、展示、呈现。而随之而来的就是迥异的价值观点、纷繁的宗教信仰、多元对立的意识形态，迥然不同的政治立场、思想道德体系、文化传播形式等在网络世界中并立共存。一个青少年面对一块屏幕就几乎面对了一整个世界，且是他们自己眼中的世界。孩子们对网络内容的选择是片面的、零碎的、不成体系的，孩子们面对的是多元的、复杂的、不易被正确认识的世界。网络给中小学生正在形成的世界观、人生观、价值观带来巨大的冲击，这种冲击对于教育者来说是不易掌握的、隐形的。一个国家的中小学生是信息化环境的"原住民"，在西方强势推进的全球化价值观的传播中，可能会成为国家、民族意识模糊的世界性公民。中小学德育教育如何应对全球化浪潮下价值观念的纷争，怎样去帮助我国中小学生牢固树立社会主义核心价值观，是互联网时代的学校教育亟待解决的重大课题。

二、把握互联网时代德育态势动向

互联网时代的本质特征就是：互动、联接、网络。"互动"的本质是"民主"，"联接"的本质是"开放"，"网络"的本质是"平等"。[①] 互联网思维就是在互联网时代与互联网的特点相契合的思维方式和思考方式，是由互联网的传播特点带来的网络化和便捷化的思维。在互联网营造的学校德育大背景下，中小学校的德育工作格局呈现出德育主体多元化、德育内容复杂化、德育过程互动化三大趋势。

（一）德育主体多元化趋势

一个国家的青少年思想道德建设历来都具有鲜明的政治性、时代性、民族性。学校承接国家育人的神圣职责和光荣使命，对广大中小学生开展符合国情特点、传承民族文化、弘扬爱国主义的思想道德教育活动。青少年的成长是社会、家庭、学校教育集中作用的结果，而学校是中小学生思想道德教育的重要场所。由于中小学校德育工作的对象群体是在校就读的未成年人，家庭和社会应当配合学校、协助学校开展德育工作。学校德育也应积极整合社会和家庭德育资源，为广大中小学生的全面健康成长构建良好的家庭、学校、社会有效互动的德育环境。在互联网时代，我们要关注到传统的社会、学校、家庭的德育教育架构正在发生重要的变化。社会教育由于网络的普及而发生了结构调整，网络社会环境的大德育体系尚未完全建构。互联网上充满诱惑力的各种各样的文字、图片、影音、游戏、活动等构成巨大庞杂的信息库，互联网已经不可避免地成为影响其道德养成的重要力量，甚至有些会成为对抗、消解学校德育正能量的强大势力。

---

① 刘小三：《互联网思维下的新媒体营销探析》，《互联网天地》2014年第5期，第40~43页。

虚拟、开放、便捷的互联网正在成为主宰社会德育的重要主体之一。目前，还没有完全建立起网络德育和现实德育互相整合、相互统一的德育总体框架、主流价值导向以及正面舆论环境，以致呈现出德育场景分裂：一边是现实世界中的学校、家庭、社会三大德育主体活动的按部就班，一边是网络世界中的多元价值、多种声音、多种主体并存的复杂局面。来自网络的力量越来越强大，正在引导着社会潮流和变革趋势，冲击着现行的中小学德育模式。

（二）德育内容复杂化趋势

德育主体的多元化必然带来德育内容的复杂化。互联网的特点就是信息量大、传播速度快、覆盖面广。那些未经筛选和过滤的各种网络游戏、暴力、色情、享乐主义、拜金主义、利己主义等消极内容在电脑和手机上"一触即发"，商家们用尽了浑身解数让海量信息的点击方便到了极致，使青少年过早地面对成人世界。尤其网上那些不同的政治主张、多元的价值观念、异域文化冲击、真伪难分的海量信息、难以分辨的舆论导向以及良莠不齐的互动表达使青少年学生在民族文化、国家主权、核心价值观、社会正义、宗教信仰、道德取舍等方面产生一些模糊的认识和想法。正是由于互联网方便、快捷、传播广泛的特点，让人人可网、时时可网、处处可网，青少年对教师的教育依赖性开始变得越来越小。从显性的层面上来说，师生获取信息的渠道与途径趋同，学生网络空间的活跃度、话语权得到不断提升。人类社会原有的教师传统权威不断地被削弱，学校在教育方面的引导作用被现代化教育的多元渠道逐渐冲淡，开放的网络空间和学生个体关注的多元性给青少年德育工作增加了极大的难度。由此可见，互联网是一把"双刃剑"，在为学校德育提供极其丰富的网络教育资源的同时，也给现实中的学校德育工作带来了巨大挑战。如何帮助中小学生提高辨别能力和抵御不良信息的能力，在青少年自己的思想防线上树立一道坚强的关口，已经成为互联网时代学校德育工作刻不容缓的重大任务。因此，新时期青少年的德育要面对较多的不确定性，我们要研究和面对这种不确定性，才能让社会主义核心价值观传播与践行真正入脑入心、见行见效。

（三）德育过程互动化趋势

德育内容复杂化，就需要在德育过程的互动化体验中辨明是非、分清善恶、去伪存真。基于网络的开放与互动和德育互动契合统筹，德育过程的互动维度包括情意德育与知行德育的互动、校内德育与校外德育的互动、网络德育与现实德育的互动、个体德育与群体德育的互动、未成年人德育与成年人德育的互动等。① 在重视参与感、微创新的网络时代，青少年有强烈的表达欲望和参与诉求，在网络中需要得到充分的互动体验与个人价值体现，也正因如此，需要我们密切关注青少年在网络互动的情境中所表现出来的思想道德状况。青少年的成长诉求从来没有像现在一样有着充分展示的空间。受网红现象影响，青少年也成了抖音、快手、微视的生力军。一方面是各类网红、网络直播博主的风起云涌，让青少年看到了有人一夜暴富，也看到了有人年少成名。另一方面青少年也可以依靠网络直播等手段成为网红，表现欲和成就感让很多青少年跃跃欲试。在青少年时期，人们的价值观还没有完全确立，很容易在网络上受到各类价值观念的影响，很容易用各种方式去尝试实现个人价值。所以，既需要加大力度提高学生独立判断和自主发展的能力，也需要加强政府、社会、学校、家庭对网络的监控意识和管控能力。网络不是洪水猛兽，不能将青少年完全隔离在外，教育工作者需要学会并善于利用全球互联网平台，基于数据和事实，教会青少年依靠网络优势，参与网络生活，从网络中补充有益成长营养。网络世界也应该给予青少年充分参与的机会，让各种主流的声音在舞台上充分交汇，让青少年有展示自我的舞台，有答疑解惑的加油站，有感受社会生活的乐园。

三、构建网络时代中小学德育育人共同体

网络时代的德育教育既要吸收传统的德育教育理念、内容、经验，又要善于分析、研判网络时代的特点，充分利用网络时代的技术、方法、思维去构建与时俱进、卓有成效的网络时代德育新模式，构建线上线下育人共同体。

（一）树立线上线下育人共同体意识，构建现实生活与网络空间协同育人的德育工作体系

网络空间与现实生活的育人不是相互割裂的，而是具有一致性和多样性的特点。一致性是表示德育价值方向的一致性，青少年学生与成年人一

---

① 李芙蓉：《网络环境下青少年德育过程规律的变化及路径选择》，《教育理论与实践》2018年第18期，第24～25页。

样生活在现实生活空间和网络空间中，两个空间所折射的育人理念、价值观念应是一致的。现实的课堂中、学校里传递的观念在网络空间里有印证、有延伸，二者并行不悖。多样性是表示德育方式方法的多样性。现实世界的德育方法是比较传统的，优点在于人与人之间的现实交流具有体验感和互动性，人群集聚的场域性会增强教育实践的渗透力。网络世界的德育方法则是灵动的、丰富的，甚至可以突破时间和空间的局限。在信息技术时代，网络德育与现实德育应该相辅相成，共同作用，两者相互结合才是一个完整的德育教育体系。因此，要树立线上线下育人共同体意识，构建现实生活与网络空间协同育人的德育工作体系。在工作中，我们要明确发展定位，与时俱进，根据不同学生主体特点和不同时期的要求充分运用好线上线下两种方式。比如在学校学习期间，现实生活的场景自然是线下德育的阵地；在新冠肺炎疫情期间等特殊时期，网络德育就显得更加适合有效。总之，我们要依据德育工作的特点，根据不同的情境做理性和冷静的分析，充分吸收传统德育优势和网络德育优势，尽量避免两种方式的不足，让德育工作线上线下双管齐下，从整体上把握育人的实际效果。

（二）坚守德育初心，规范网络德育内容，构筑青少年网络信息获取的第一道屏障

从青少年德育工作角度来说，网络信息呈现出三个特点：一是网络信息的海量。网络信息无处不在，青少年的选择呈现多元化和个性化，青少年在网络中各取所好，学校和家庭对青少年个体成长获取信息掌握程度降低，为因材施教带来了挑战。二是网络信息的模糊性。网络信息来源复杂，大量非官方信息和个人观点充斥其中，其中不乏大量的个人和群体为了更高点击率和博取关注度发布的不实信息，网络信息的真实性无法确定，部分不实报道和偏激评论为青少年带来的思想影响很难因为删帖而消除。三是网络信息的诱惑性。青少年的自控能力不强，一些色情网站、购物网站、聊天平台、网络游戏等利用各种语言和图片诱惑等手段吸引青少年点击和查看。现时期网络信息的海量、模糊性和诱惑性无一不在警告着教育工作应该为青少年的网络信息搭建屏障、保驾护航。在庞大的互联网资源面前，人们需要极强的辨析能力、极强的自律意识、极为理性的逻辑思维，这几点对青少年来讲是很难达到的。还处于发展成长时期的青少年，他们的分辨能力、逻辑思维还未完全形成，他们的知识体系还不够健全，他们的自律意识、自控能力还很薄弱。社会和学校应该为学生搭建第

一层屏障，规范网络德育的内容，让可信、向善、真实、健康的网络信息成为青少年的良师益友。政府应加强净化网络资源，针对青少年的兴趣爱好和特点建立专门的网站平台或者 APP 供学生学习，比如"学习强国"APP 就是一个非常适合成年人学习使用的学习平台，可以将学习和娱乐有机地结合在一起。国家应该探索实行实名登记上网，设立开启青少年的浏览模式，自动过滤掉过于娱乐化、低俗化、色情化的网络内容，遴选对青少年成长有益的教育内容，完成青少年浏览网络内容的第一道筛选。

（三）加强中小学网络基础类课程建设，提高教师队伍网络素养，让学校的网络德育教育条件保障达到"内外兼修"

在课题组调研的过程中，所有的中小学教室都能够使用多媒体教学，有些学校设有机房并开设了相关课程，建设了能够满足课堂教学计划、人才培养计划的育人场所和配套设施。可见，计算机、多媒体、网络等基础设施已经成为中小学的必备物资条件，这也是学校开展网络德育工作的必要保障。为了满足学生成长的必然需求，在中小学课堂内容中有必要设置与互联网、技术现代化相关的讲授内容和实践课程，让学生在学校的正确引导下，了解互联网的发展态势，掌握互联网的基础知识，熟悉必备的网络工具的使用方法，为成为现代公民奠定技能和思维的基础。基于此，基础教育对于中小学教师自身的网络素养也提出了更高的要求，新时期的中小学教师应该掌握计算机、网络等必备教学本领，恰当地将网络资源融入课堂教学和实践活动中，提倡课程使用网络资源对社会热点焦点事件的分析和研讨，引导学生从网络中汲取有益的营养，逐渐从他律走向自律。改革教学方法，提倡大胆创新，以现代技术的革新带来德育教育的革新，不断提高德育课对学生的吸引力。

（四）进一步强化家校网络育人共识，形成家校德育教育合力

在网络时代，互联网资源给德育教育创造了较大便利，同时也加大了德育教育的难度。对此，家庭与学校之间比以往任何时候都要强化共识，通力合作，逐步建立共同的德育教育目标，形成教育合力，为青少年成长构建良好的家校一体化育人环境。一方面双方要明确德育的目标，形成德育教育共识。家校之间应该加强沟通，形成一致的网络育人理念。家庭应该对学校的德育育人的理念、方法、路径、举措有足够充分的了解，并达

成德育教育的共识，对青少年所处的不同阶段该进行的德育教育内容进行充分的交流和磋商，让家庭德育和学校德育成为一以贯之的德育教育，而不是相互否定的或者不一致的教育，让孩子们在学校得到的德育知识能够在家庭的教育活动中得以体现和印证，让家庭教育的内容在学校教育中得到理论和知识的升华，只有这样才能达到事半功倍的效果。另一方面，家校合作应该充分利用网络工具，强化交流，共享信息，建立网络德育教育一体化平台。学校和家庭要创新教育方式方法，在网络大行其道的时候充分利用互联网的优势，利用各类网络平台建立紧密联系的渠道，便捷、快速、全面、准确地把握青少年思想道德的基本情况。让中小学网络德育的开展从学校延伸到家庭，家庭和学校建立起更为密切的合作方式，不断形成教育合力。

第二节　弘扬中华优秀传统文化，构建传统文化＋现代德育新模式

中华民族有着源远流长的道德建设历史，中华儿女五千年来就在这片土地上繁衍生息、传习劳作，几千年间不断丰富并成体系的关于做人之道、做事之道、家国情怀的文化精神、传统习俗、道德伦理无不是中国人民赖以维系的重要的文化符号、精神支柱、行为准则。习近平总书记指出：国无德不兴，人无德不立。注重思想道德建设是中华传统文化的重要特征。[1] 中华文化的精髓就是中华传统美德，对传统美德的继承与传扬是新时期全体中国人民的美好愿望。要想让我们伟大的民族不断发展，永远保持勃勃的生机和活力，必须要依靠全国各族人民万众一心继承传统美德，追求崇高美好的道德境界。中国传统文化涵养着一代代的中国人，即便是踏入了现代化建设的征程，中国优秀传统文化依然是中华民族的重要精神财富，依然会在现代社会继续彰显出重要的精神力量。

2018 年，中共中央办公厅、国务院办公厅印发的《关于实施中华优秀传统文化传承发展工程的意见》指出，要把中华优秀传统文化全方位融

---

[1]　李守信：《弘扬优秀传统文化 大力推进立德树人——深入学习领会习近平同志关于弘扬中华优秀传统文化的论述》，《人民日报》，2014 年 1 月 29 日，第 12 版。

入教育各环节，贯穿于教育各领域。这个文件意味着中华优秀传统文化是中国人民内植于民族的文化，它既是古人思想与智慧的结晶，也是今人延续文明、坚守初心的宝贵财富。中华优秀传统文化中蕴含着非常丰富的德育资源与德育素材，这些鲜活的德育资源和德育素材不是沉寂的历史，更不是泛黄的书本，而是一种精神和道德典范，仍然会延续成为我们现代社会的伦理道德，仍然是中国人一脉相承的气质和品格。美德具有稳定性，中华优秀传统文化也应该从历史走进现代，融入青少年的教育，在青少年的心里能够接续生根，将中国人的文化与美德不断继承和传扬，将中华民族的优良传统在现代社会中扎根。同时，中华优秀传统文化在中小学德育中的有机融合和渗透，可以有效提升学生的道德素养，有助于中小学生价值观、人生观、世界观的形成。让青少年了解中华文明的历史，让中国传统优秀文化能够有机融入青少年成长的全过程，让青少年在社会中、身边仍能感受到鲜活的传统美德，感受文明古国在现代化征程中的真、善、美。因此，学校应着力构建传统文化＋现代德育的教育模式，构建更有鲜明中国特色的青少年德育教育，让中国文化自信牢固地树立在青少年的心中。

一、将中华优秀传统文化与中小学各学科的教学相融合

各学科教学是实现德育教育的重要载体，校园里的教学是与青少年最为直接的德育教育形式，教与学是师生最为频繁的互动活动。基于中小学学生的成长特点，他们对道德品质的认知与形成取决于知识的不断积累程度、道德行为的分辨与认知能力、道德实践的经历反思以及道德品质的目标确定。在学科教学活动开展中，教师的课堂传授不仅是知识量和技术要点的传递，还要注重让学生了解该学科领域有关的道德品质、精神品格、模范榜样，让学生在获得知识技能信息的同时能够在道德品质方面有更多的认知、体验与体会，拓宽知识量的外延，丰富学习的体验，增加文化厚度，以此促进其身心全面发展。

教师通过合理的内涵挖掘与内容设计，可以将中华传统优秀文化内容自然地纳入中小学各学科课程设计之中。基础教育中语文、数学、政治、历史等课程除了包含着丰富的基础知识，可挖掘设计出丰富的德育因素，中华传统文化也可以在其中占有重要的位置。比如，增加本地的历史、名人、典故、风俗习惯等方面的内容，建设校本课程。四川省可用好《生

命·生态·安全》《家庭·社会·法治》《可爱的四川》等四川省义务教育地方课程教材，推动中华优秀传统文化在青少年群体中的普及。还可充分利用好四川省第二批 68 个全国中小学美术馆、251 所省级艺术教育特色学校，强化相关课程建设。① 合理性原则是学科教学与传统优秀文化融合的首要原则，要让传统文化有机、恰当地融入学科教学，不能泛滥，更不能牵强，使两者变成一个完整的整体，而不是将内核分裂而内容拼凑在一起。这就需要教师深刻理解传统文化的内涵，在设计教学目标的时候，将传统优秀文化的德育内涵与学科教学目标结合起来，制订合理的教学计划，使用合适的教学组织形式，让学生能够通过学科学习加深传统优秀文化的体验和理解，也通过传统优秀文化的融入加深对学科知识的学习和认知，达到智育与德育双促进的效果。

二、将中华优秀传统文化与中小学德育课程相融合

在中小学德育活动开展中，倡导德育渗透，追求实现润物细无声的效果。因此，如果说学科教育是隐形德育教育的话，那么德育活动的实施则是显性的德育教育，让学生亲身感受传统文化的深刻内涵，以德育活动的方式增强认识，从而达到知行合一。我们鼓励在中小学开展形式多样、丰富多彩的德育体验活动，通过严谨、合理、生动的规划设计，让学生亲身实践，感受传统文化的涵义与魅力，以小见大，从内心深处深刻认同中国优秀传统文化，并达到提升自身道德品质的效果。鼓励教师在教授优秀传统文化的过程中，要针对不同年级的学生开展不同的德育课程组织形式与内容设计，不断激发学生的兴趣，取得教育成效。比如低年级的小学语文课，可以组织做游戏、讲故事等活动，以此调动学生的参与兴趣，让学生在亲身体验的过程中，感知传统文化背后的道德内涵，并对其产生认同感，从而为其将道德意识转化为道德行为打下坚实的基础。

以开学典礼、毕业典礼等大型活动为契机融入传统文化。典礼是中小学活动中最为严肃、集中、隆重的教育活动，活动效果会给学生带来重要的人生影响。典礼的举行渗透着学校的教育理念，在典礼中融入传统文化的部分，让学生更加难忘。有些学校的开学典礼身穿传统服饰，使用传统

---

① 四川省社会科学院课题组：《传承发展中华优秀传统文化的四川探索》，http://www.sc.gov.cn/10462/12771/2019/6/30/9d46a7861ef24df59a19bd86fc103f05.shtml。

的称谓，重温传统礼仪，让中国的传统文化从学生所见、所闻、所感、所言等各方面全方位得以展现，给学生们以强烈的视觉冲击和文化教导，让学生仿佛置身于几千年的璀璨历史中，更加有效地提升中国人的身份认同和文化认同，这类仪式对学生思想道德的影响也是极为深远的。现在各个地区也在鼓励学校建设丰富多彩的典礼文化，重温传统的礼仪文化，营造开学典礼、毕业典礼等重大活动的仪式感，让典礼的文化更加有历史底蕴和传统特色，同时也让学生在参与的过程中，潜移默化地受到传统文化的熏陶，对几千年中华文明传承的厚重肃然起敬。

以主题班会为平台让优秀传统文化内容深入青少年内心。班会是班主任建设班级文化、因材施教的重要载体，是班主任进行思想道德教育的主要平台。班会主体鲜明、内涵丰富，兼具参与学生主体相对稳定、建设周期较长的优点，因此班会的内容和主题对学生的教育功能是深远而持久的。班会的德育功能主要体现在教师引导和学生主动参与的过程中，内涵丰富。在班会中组织德育活动的时候，优秀传统文化是一个非常重要的结合点，以传统美德、名人、传统节日等为主题的班会，可以与身边人身边事密切地联系起来，让青少年便于理解，增进认识，在师生互动和朋辈交流中获得良好道德的熏陶。比如，在中秋节期间，可以以"团圆"为主题组织班会，让青少年自行收集与中秋节有关的食物、故事、风俗、诗句，并阐述自己对团圆的看法和观点，低年级的同学可以以画画等方式表达对"月圆人团圆"的意境理解，高年级的同学可以畅谈在现代社会中国人如何继续追求实现中秋节团圆的美好心愿。互动实践可以增加中秋节传统美食月饼的制作环节，嫦娥的故事可以激发出孩子们更多的美好想象。一个以传统节日为主题的班会设计通过看、吃、说、画、思结合在一起，向青少年深刻展示了中国人自古以来对"家"和"家人"的珍视、对"小家"与"大家"之间的权衡与取舍。除了传统节日的主题，引导青少年对于身边的各类事件判断和辨析，也可以增加历史的维度以增进理解深度。比如，社会主义核心价值观的"爱国""友善""诚信"等主题不仅要通过阐述现实发生的事情提高青少年的认知，也可以在优秀传统文化中进行历史探源，强化青少年优秀品德养成。在内容的安排上尊重学生身心发展的规律，要遵循科学合理、亲切自然的原则。中华优秀传统文化与学校教育活动的融合需要进行科学合理的内容选择和形式设计，不能超越学生的理解能力和接受能力，针对不同年龄阶段的学生要有所区别，从小学到中学的学习循序渐进，让青少年易于接受、乐于实践。此外，还可充分利用地方"节庆"发挥传统文化的活态传承作用。比如，各地举行的"祭祖大典""全球祭孔大典""华人寻根节"等重大节庆活动，中小学德育工作也可以让青少年积极融入，大力推动传统文化与人相亲、与人相和、与人相融。将对青少年的道德教育融入社会的传统节日中，以一种生动、形象、接地气的方式将德育内容呈现在学生面前，使学生易于理解和铭记，也是对学校文化教育进行有益的补充和延展。

三、将中华优秀传统文化与中小学校园文化建设相融合

校园生活是每一个学生的软硬件环境综合性的整体概括，校园文化是一个无法触摸却无时不在的文化氛围，校园环境对个体的成长与发展起着重要的作用。"在校园文化育人功能中起基础作用的是德育功能。德育是教育的灵魂，它的基本内核和根本任务是影响人格，形成德性。"[1] 校园环境一般可划分为物质环境和精神环境这两部分，物质环境是学生生活的硬件环境，是学生看得见、摸得着的环境建设，精神环境是一种制度建设和文化反映，是学生能感受到、领悟到的环境建设，二者是缺一不可且密切相连的有机整体。在优秀传统文化与中小学德育相融合的过程中，我们同样需要发挥校园环境的作用，建立极具文化内涵的环境，在使传统优秀文化成为温馨和谐的校园环境一部分的过程中，使学生受到熏陶，进而实现良好道德品质的养成。精神环境建设是指在校园文化的活动平台、载体、人文、交往中都体现着传统优秀文化的规则与精神，与物质环境建设相得益彰，为青少年创设一个积极的校园文化氛围。

四、将中华优秀传统文化与中小学德育规律相融合

青少年的身心发展是有规律的，符合人的成长规律的教育才会有好的教育效果。传统优秀文化与中小学德育的融合亦是如此，其需要严格遵循德育发展规律，将此作为融合指向。在传统优秀文化融合到青少年德育的过程中，要针对青少年的年龄阶段、认知特点，开展有目的、有针对性的德育教育。要想达到好的教育效果，需要教师因材施教，精心设计教育内

---

[1] 李社云：《论校园文化建设与德育工作》，《邵阳学院学报（社会科学版）》2005 年第 6 期，第 33 页。

容，不能让年龄特别小的孩子去理解枯燥生涩的内容，也不能让身心发育比较成熟的青少年去重复简单幼稚的道理，久而久之，不仅不能达到预想效果，也让传统文化失去了吸引力。因此，认识规律、把握规律是非常重要的，要最大限度地规避传统文化在青少年德育教育中的随意性、肤浅性、形式化。要把发生在学生身边的能够体现社会主义核心价值观的"小事件"汇集起来，作为德育课程的教材。比如，在小学阶段可以利用诵读的方式，引导学生背诵一些关于咏物、咏人、爱国等方面的文化内容，并组织一些集体性的实践活动，通过教师引导、场景感知、朋辈互动，丰富理论与实践的结合方式，引导学生逐步建立正确的道德认知。在中学阶段，则需要遴选励志、做人、品德等更加适合中学生的学习内容，增加学生的自主实践，引导学生更加深度总结反思的活动，提升学生的自主思考能力，以此调动学生学习思考的主观能动性，促进其道德认知能力水平提升，不断转化为道德品质的形成与发展。

第三节　乡村振兴推动农村中小学德育工作改革

中国是农业大国，中国人对于土地有着深厚的情感，乡村曾是所有人的故乡。改革开放以来，城市建设获得了长足发展。国家十分重视乡村建设工作，无论是精准扶贫还是乡村振兴，一直立足于解决农村新问题，提出一系列新举措。在这些政策的强有力推动下，新农村建设有了强大动力，农村建设也焕发了新的生机。但是，随着多年工业化建设的发展，我国大部分地区的农村建设在很多方面都落后于城市建设，在基础教育方面更是显得尤为突出。受20世纪末乡村"撤点并校"教育政策影响，数以万计的农村中小学被撤销，大批的农村少年成了城市学校读书的"大军"。在这一政策变化的大背景下，农村少年与农村分开，农村的教育逐步成了国家教育薄弱的一环。具体到四川省而言，当前四川省乡村教学点面临多重发展困境，主要表现为量小而分散、偏远而简陋、师弱而质低、教育教学效果差；同时这些乡村教学点未来将进一步萎缩并长期存在。[①] 我们还

---

① 蒲大勇、帅旭：《当前乡村教学点发展困境与改进建议——基于四川省N市的实证调查》，《中小学管理》2019年第10期，第40页。

发现了一个变化，一部分农村没有了学校，也没有了学生。寄宿成为农村学生接受教育的一种普遍方式，读书尤其是读好书就意味着必须离开农村，学校与家乡已经在现有实际情况下成了不可同时并存的事物。我国古代的私塾、书院曾经是乡村伦理文化的载体与传播者，对乡村社会的青少年成才培养、乡村文化伦理的传承、社会人才的输送承担着非常重要的作用。但是当学校教育在地理位置上远离了农村，农村的文化与传统的传承便失去了一个重要的纽带，农村的青少年已经不了解农村，与中国的农村文化隔离开了。农村的孩子们"进城"接受的教育变成了简单的城市教育的复制品，教育就在乡村社会消失了，从而乡村教育对乡村社会的作用也消失了。农村学校永远地离开了乡村，远离了乡村文化，淡化了乡村建设的责任与使命。当下教育的城乡并轨，更大程度上是乡村向城市的并轨。教育在乡村建设中扮演的角色，绝不止于围墙之内。乡村制度创新的重要基础是"知识群体的文化自觉"①。我们到底在期望怎样的乡村教育呢？乡村曾是中国人赖以生存的最广泛的存在，在现代化的转型中逐步成为人们"又爱又怕"的所在。人们怀念传统的乡土却在生活中逃离。我们不能忽视有更多的孩子必须在乡村学习和生活。我们是怎么看待农村教育的？在一栋栋看似外表与城市校园无异的农村希望小学里，孩子们得到的教育是和我们想象的一样吗？本课题组所走访的几十所西部农村小学，基本上实现了教育环境的硬件建设，但是师资队伍、教学效果还是与预想有着较大的差距。在最广袤的土地上成长的农村的孩子们同样是这个国家的未来和希望，我们期待着更好的德育资源、更加公平的教育机会。乡村德育一定要进入教育者的视野，一定要完成新时代的转型。

一、农村中小学德育工作成效关系着民族复兴

当前，全面提升农村教育的质量逐步成了全民共识，但是这不仅仅意味着学校硬件条件的保障建设和学生学习成绩的提升上，重要的是要借助教育现代化的力量，充分挖掘现代农村的社会生活优势，构建适合本土农村的青少年育人模式，在德智体美劳全面发展中重新探寻现代农村教育的前进方向。对于农村教育来说，其真正含义在于以农村建设的需要为目的重新建构、优化农村教育。在这里想表述这样几个观点：一是不能将农村

---

① 宣朝庆：《近代乡村危机的制度反应》，《人文杂志》2014 年第 2 期，第 81 页。

学校简单片面地剥离出村落社会，以实现农村教育的城市化办学；二是不能将农村学校的使命简单理解为乡土社会中城市学校的复制品；三是不能认为农村学校只有在与城市学校同等的以"城市教育话语体系"为本位的竞争下获得成功才具有意义。我国农村本土的传统文化、农耕文化一直都是不可替代的宝贵财富，这些优势应在现代化的建设中复苏、融入日常的学校教育，继续哺育农村的青少年思想道德教育，进而传输给社会。农村青少年德育应该是带着最醇厚的历史感进入现代人群，成为德育最亮眼的时尚组合。对于乡村振兴重要战略支撑的教育立德树人根本任务而言，农村中小学德育只有真正回归农村，重新审视农村的历史与文化，坚持和农村建设携手共进，融入农村发展的现代实践，才能够为乡村振兴培养爱乡村、懂乡村的大量人才，推动现代乡村真正的建设发展。在党中央提出乡村振兴战略的重大历史任务中，中小学德育工作也要守正创新，坚定承担起自己应有的责任，既为人才培养奠定良好的德育基础，也为乡村振兴输送源源不断的传承者和建设者。

二、农村德育工作应坚持明晰的底线要求

现代德育理念主张，崇高的政治信念和高尚的道德情操教育必须建立在学生最基本的社会规则意识的基础之上，否则我们的德育将会本末倒置。[①] 鉴于此，当前农村学校德育要特别注意分层次的德育，在德育目标上首先要回归底线要求。因为长期以来的师资匮乏，农村基础教育的首要任务是满足各类智育课程的授课需要，主要是语文、数学等主要课程。现实生活中，由于乡村社会道德教育的载体并不丰富，青少年受教育的渠道相对不畅，相比城市的孩子而言，农村孩子道德教育的场域是缺失的。尤其是部分农村中小学的学生以留守儿童居多，一半以上甚至更多学生是与祖父母生活在一起的，长期家庭道德教育缺位导致农村青少年道德觉悟、认识能力、道德水平和境界存在着不同层次。较多的农村中小学生对于道德要求、道德建设的内涵理解与认知是非常浅显、零碎、模糊的。在这种情况下，我们教育工作者一定要认识到青少年道德认知水平发展的不均衡性，不能对青少年的道德要求"一刀切"，对此不加以区别是脱离现实的。农村中小学青少年的德育培养首先要确保低层次目标的落实，即从坚守道

---

① 刘冬梅：《小学道德底线教育的回归》，《基础教育研究》2010 年第 15 期，第 12~14 页。

德底线的德育开始，要从让学生学会最基本的如何做人的基础性道德建设入手，再逐步提升更高的道德目标要求。正如习近平总书记在中央政治局第十三次集体学习时强调："一种价值观要真正发挥作用，必须融入社会生活，让人们在实践中感知它、领悟它。要注意把我们所提倡的与人们日常生活紧密联系起来，在落细、落小、落实上下功夫。"① 因此，真正落实落细、落小、落实的要求，就要注重德育课程内容生活化。从青少年生活的角度出发，关注青少年的成长体验、经历实践、现实生活。将不同学生群体的成长历程作为德育工作的基础，德育课程教师做好学生的学情分析，以此为基点为不同环境中成长的学生发展创造更为多种可能的情境，让学生感到可亲易懂、入脑入心。比如，在一线大都市、县城、农村中学习成长的学生生活世界是不一样的，他们虽然学习相同的教材并使用共同的考卷，但是他们的生活体验却有很大区别。譬如对社会主义核心价值观"爱国"来说，可以引导学生从家乡身边可以感知的各种变化来增进理解。农村中小学德育工作的首要任务，是根据学生身心特点明晰各阶段学生道德要求的底线目标，丰富达成底线目标的手段和载体，突出重点，不断强化基本要求，让底线道德目标真正深入人心，然后逐步提升道德层次要求，一步一步地逐步树立起丰富的道德教育体系，这也是农村中小学德育的必经之路。

三、农村德育内容应充分融入乡土文明

我们是在华夏土地上成长起来的文明古国。费孝通先生的《乡土中国》的核心观点就是中国社会是乡土性的。改革开放四十年以来，中国的乡土社会发生着深刻的变化，但不管如何变化，我们以乡为基点的活动空间不会变，以土地为基础的生存依托不会变。我们几千年的农耕文化滋养了一代代人，也应在现代社会中继续传承乡土文明中的伦理与道德、经验与智慧。然而，现在中国的农村教育并不"乡土"，农村中小学校德育工作并不是从学校所处的社会生活实际出发去设计和谋划的，也没有完全充分考虑孩子们的成长空间的特点。目前中小学并没有适度开发与农村更为匹配的德育课程体系，农村学校德育与农村建设的密切联系尚未真正建立，乡土文明的精华与经验并没有在学校的德育中得以呈现和延续，在现

---

① 习近平：《习近平谈治国理政》，北京：外文出版社，2014年，第165页。

代社会里将乡土文明转化成为农村育人的本土化优势没有得到完全彰显。以人为本的德育工作应是贴近生活的，农村德育应融入新时期乡村建设的内容，中华民族几千年来在这片乡土上成长形成的人文、人情、伦理、规范、道德、情结要持续传递到新一代的青少年心中，不断延续到他们的学习和实践行为上去。现今由于考试的指挥棒作用，所有学校的课程教育包括德育考试内容与方式是趋同的，农村孩子在学校学习的是书本上的知识，与考试要求是一致的，没有充分考虑青少年成长的环境不同。从课本的要求和考试来看，青少年德育和农村生活缺乏广泛而深刻的联系，与学生的生活实际和思想实际相差还有一定的距离，建立在共性要求基础上的本土化德育教育显得比较迫切。

在乡村振兴进程中，农村学校德育应联系生产生活实际，主动适应新时代教育评价改革总体方案的改革主要原则，坚持中国特色、扎根中国，针对农村发展进程中青少年学生的主体特点，不断调整和充实德育内容，推进德育工作改革取得实质性的突破，构建科学合理的德育工作体系。一是深入挖掘和扩展农村德育资源和素材库。农村学校德育资源可就地取材，贴近乡村生活实际。可以充分开发和利用好农村振兴发展建设的巨大变化，讲好身边的农村发展故事。将深扎在农村的优秀传统习俗、历史故事、名人名言、红色文化等收进课本、带进课堂。这些德育素材通过长辈传授、耳濡目染、亲身经历已经在青少年的心中有了重要的认识基础，若在学校的德育工作中加以强化，一定会起到事半功倍的效果，也更让青少年心理上乐于接受。同时，这些宝贵的生活智慧和德育素材也可以成为城市学校德育课程的重要补充。二是农村德育要充分发扬和融入农耕文化。农耕文化是中国农业大国的文化源泉，学校可结合健康教育、生命教育、传统文化教育，让学生知节气、分五谷、懂农业、敬农民、爱农村。让农耕文化的精华和劳动智慧经验在学生的学习和生活中越来越近，在青少年的德育课程和实践、劳动课程中得以复苏和唤醒。有一些乡镇中学利用比赛的机会让学生们制作了纸质水车，让师生通过制作过程了解水车的发展历史、工作原理；有学校将二十四节气画成了画配成诗歌，在校园里广为传颂，这些做法都让农耕文化以学生喜爱的方式走进了师生心灵，也让青少年对祖先的智慧产生由衷的敬意和尊重，由此增强了中华民族的自豪感。三是农村德育要关注乡土文明现代化的趋势与走向。我们要深刻认识到，乡土文明并不是仅仅代表着传统和过去，也并不仅仅局限在农村的土地上，而是可以在现代社会中借助先进的技术手段得以发扬和传承。乡土文明是人类文明的瑰宝，当下很多有乡村个性元素的文化符号成了重要的文化资源得以开发和宣扬，四川绵阳的李子柒成了传播中华传统文化的网红，她将农村生活的四季展现得如诗如画，吸引了大量的国内外粉丝关注。学校也要及时创造性地识别和开发现实生活中鲜活而有价值的资源，让教师和学生在教育过程中善于把握青少年已有的认知基础和生活经验，在接受理论教育和价值引导的时候更加坚守内心的乡土文化家园，坚定文化自信，用时代的新的目光去挖掘乡村文明的瑰宝，成为中国乡土文化坚定的传承者和传播者。四是农村德育应参与乡村振兴实践。培养一个人的品德不仅仅在于课堂传授和言传身教，最根本的是要在实践中不断地印证和加深课堂传授的理论观点和价值原则，从而不断形成稳定的价值观念和价值取向。乡村学校德育可组织学生直接参与身边生动的乡村社会实践。在乡村振兴背景下，为引导青少年以不同的方式参与到乡村振兴历史任务中来，学校要从更加广阔的视角来将这种乡村振兴实践作为学生社会课堂的一部分，有组织、有目的、有体系性地将真实场景的社会实践与学校德育结合为一体，构建社会课堂＋学校课堂的校内外课堂一体化德育工作计划，让现代乡村的快速建设与历史变迁变成实施学校德育活动的重要组成部分。根据学生的年龄层次，可以开展社会调查、社会实践、社区服务、义务讲解等各类别活动，让学生就某个方面的生活和实践领域进行一段时期的观察、体验和总结，经过比较分析，体验农村社会生活发生的巨大变化，用他们自己的感受和结论去培养青少年更强烈的社会实践参与感，去激发青少年投身社会主义农村社会实践的强烈责任感，努力成为勇于解决现实问题、敢于改变现实情况的人。

四、农村德育应加强各类德育资源共享建设

就农村中小学校德育工作而言，德育资源建设存在短板，主要表现为青少年德育教育公共资源有限且质量不高，社会、家庭、政府与学校的联动不够，课堂教学和实践育人的合力不足等比较突出的问题。因此，有效地开发农村德育资源，应将学校的范畴扩大，将目光投放到更为广阔的空间去，社会、政府、家庭多方联动促进资源共享是加强农村德育建设的重要手段。一是大力开发社区德育资源，促进社会资源的利用共享。"社区德育资源的开发和利用是学校开展德育工作能够有效利用的校内外的一种

非常重要的不可缺少的德育资源。"① 当前我国农村地区社区德育资源的整合和利用情况不容乐观，德育资源挖掘和建设质量都不太均衡。总体呈现出来的是资源开发比较零散，活动方式相对简单，德育内容设计的体系性不强，没有发挥出应有的教育效益。根据现在农村生活社区化的实际情况，需要我们深入挖掘农村社区德育资源，深入分析农村社区的建设特点与资源优势，让社区德育成为农村校外德育的重要阵地。社区浓缩了乡村变化，社区的建设与发展就是农村建设的写照，也是传统农村城镇化建设过程中的缩影。比如城镇原址的古今对比可以作为社区的文化建设素材，党中央振兴乡村的新举措给生活带来的新变化、家庭居住条件变化等都可以成为农村社区德育切入点和落脚点。学校可与社区建立德育资源共享制度，社区既可以成为学生德育基地，也可以让社区管理人员进入校园和课堂，让社区资源成为学校德育的重要补充 。二是政府加大统筹力度，制定出台适应本地区的德育资源整合规划。政府要关注青少年德育资源共享机制的建立，多方筹措，建章立制。乡村振兴过程中涌现出来的劳动模范、致富能手、敬老爱幼的典型模范等鲜活的人物、文化教育资源等都可以加以深度开发，拓展教育资源的多元化、生活化、本土化，助力乡村学校的育人成效。农村各界都要密切关注、全面重视、全力促进农村青少年德育建设，避免学校成为青少年德育工作的教育孤岛。三是加强家庭资源的利用，让家校紧密互动。学生家庭、家长的资源尚待进一步的开发、整合和利用，可以利用家长的个人典型、家庭教育的德育成果在校内进行典型示范和交流。部分家庭拥有可以开发的德育平台，比如家庭创新创业的精神、家庭对传统礼仪和非遗等文化遗产的遵守和传承的故事、家庭几代人脚踏实地艰苦奋斗而带来的生活发展变化等。通过家校的密切互动，让家庭有血有肉的德育素材更好地融入学校的育人大格局中。

五、乡村德育需要加强教师队伍建设

对于青少年学生的成长和发展而言，教师是关键。教师是青少年德育中的领路人，是价值观形成阶段的重要参与者和引领者。教师在塑造青少年学生的价值观、提高法治意识、提升青少年学生的身心健康水平和激发

---

① 王国强：《"社区即学校"：区域社区德育资源的开发与利用》，《中小学管理》2011 年第 12 期，第 49 页。

学生的创新意识等方面，都有着举足轻重的作用。"农村教师之于农村，更是有着一般的意义，我们应该看到农村教师的公共性和社会责任。"[①]因此，要大力加强教师队伍建设，铸造一支让党放心、让群众满意的教师队伍。一是要保持农村德育教师的稳定性。由于工作条件差、受重视程度低、个人发展空间有限、收入待遇不高等多方面的因素，农村教师队伍一直存在较大的流动性。农村学校里很难留住优质师资是一个不争的事实，很多年轻教师在农村学校里完成一个周期的工作后就立刻谋求去条件更好的学校继续发展。不稳定的德育教师队伍阻碍了农村青少年德育工作质量的持续稳定提升，应该引起有关部门的高度重视。政府要出台各类政策为农村德育教师提供更好的工作条件和发展空间，让他们更好地发挥作用，以教师队伍的稳定性保证农村青少年德育工作质量的稳定性。二是要持续提升农村德育教师的素质。要重视乡村教师队伍"德育能力"的提升，德育教师队伍是增强民族自信心与凝聚力的潜在力量。教师队伍是农村中知识分子的代表，在学校里能及时准确地传达党的政策，能向农村青少年解释社会主义新农村建设过程中的精神内涵及实践经验等问题，因此教师队伍建设好，青少年的德育才能做好。持续加强德育教师的素质培训是德育工作提升的最直接的力量源泉。政府和学校要出台农村德育教师能力提升计划，支持并创造条件让农村德育教师参加各类培训、访学、交流等各类活动，制订年度计划、中长期培养计划，让农村德育教师提升本领和境界，创新工作方式方法，在育人中实现个人价值，做农村青少年社会主义核心价值观形成的领路人。政府部门应加大农村德育项目的扶持和孵化，建立农村青少年德育稳定的阵地和载体，让农村教师可利用自己文化素质的优势，弘扬农村高雅文化，促进农村乡风文明与青少年的教育。三是多措并举、柔性引进各界教育人才以丰富农村德育教师队伍。要不断实现社会各界人才、育人资源对农村德育教师队伍的有利有力补充，以此引进最前沿的教育理论和教育方法、优秀的教育人才，形成农村德育的良性的开放性教育体系。值得一提的是，对于引进的人才虽然是不求所有但求所用的合作方式，而且也要注意教育的连贯性和体系性建设，有些零星的、重复的外来教育活动不仅没有起到有益补充的作用，反而因忽略了学生的成

① 唐松林、罗仲、尤彭兰：《农村教师：新农村建设必须依靠的力量》，《农村·农业·农民》2006 年第 7 期，第 28 页。

长阶段需要，打乱了教育规律的把握，随意更改了教学体系，导致效果不佳。因此，外来教师资源也有稳定性、融入性的基本要求，合作方式可多样化，但是保证教育体系的完整性是基本前提。

六、乡村德育要建立特殊学生群体关爱机制

近年来，农村青少年的德育问题逐步凸显，农村青少年是社会必须关注的青少年群体。农村中小学特殊学生群体一般包括经济困难家庭子女、单亲家庭子女、学习困难学生、农村留守儿童等。"特殊学生群体由于经济困难或者缺少父母陪伴等原因，会产生一系列问题，如辍学、不良道德行为等，因此建立特殊学生群体关爱机制尤为重要。"[1] 基于此，要建立特殊群体关爱机制。一是要掌握特殊学生的基本情况，建立特殊学生群体道德档案。每一位农村特殊群体的孩子都需要受到特别的关注，他们在农村社会的大变革中呈现了异于传统农村孩子的显性特征。留守儿童是近年来伴随经济发展产生的青少年群体，他们的成长问题共性和个性并存，尤其要受到重视和关注。建立档案是为掌握学生学习生活情况的一手资料，现阶段，尚未系统地掌握其他类型的特殊学生群体的情况，由于师资力量不足、工作机制不健全、家校联动不密切、工作方法有待研究等各种原因，农村对于各类特殊群体的青少年的道德现状掌握也只停留于校园内的日常观察阶段。鉴于这类学生家庭的特殊性，学校应为每位特殊群体的学生建立道德档案，并做到及时更新。档案存放在学校，便于工作开展的连续性和针对性。二是学校应根据特殊群体的情况开展别的教育活动。特殊群体的学生除了经济上的匮乏，更重要的是精神上和心理上缺乏支持和抚慰。大部分学生因为家庭教育和关爱的缺失，在成长过程中关键时刻缺乏正确人生观的引导，导致产生学习动力不足、生活意义感缺失等问题。因此，在现阶段学生的留守问题和单亲家庭等现状未能得以根本改变的前提下，学校应根据青少年的问题类型有针对性地开展不同类的教育活动。同时在教育中借用朋辈教育的力量，激发特殊群体的青少年互动交流，重塑健康的人生观和价值观。三是学校要加大研究力度，做好案例采集和总结工作。学校应组织对德育教师的教育培养，加大对此类学生的关注，加大

---

[1] 郁崴岳、李芳、李义庭、刘芳：《关注学生中特殊需要群体　做好深度辅导工作》，《北京教育（德育）》2010 年第 12 期，第 28 页。

研究分析特殊学生群体的不良道德行为及原因的研究力度，整理形成素材案例库，在此基础上不断反思总结，推动特殊群体青少年的研究更加深入。

第四节　办好研学旅行活动，构建中小学德育工作特色路径

一、国家逐步重视中小学研学旅行

学校教育让学生逐步构建起知识体系、道德体系，是"知"的形成过程。"知"是"行"的开始，是认识世界、认知社会、自我成长的第一步，"行"是"知"的体验、提升的深化，也是增进"知"的认知层面和思想层面的过程。只有知与行密切联动，反复作用，才会知行合一。青少年健康成长需要学习体验，也需要体验学习。传统的德育教育主要是通过教师的"传授"方式进行，强调青少年单一层面的被动接收，缺乏针对性、灵活性和参与感。对于新时期的青少年，若不注意教育方式很容易让学生们形成教条枯燥的刻板印象，甚至会产生排斥抵触情绪。德育教育工作者已经逐步认识到德育教学存在开展难度大、学生认同感较差、学生满意度不高等系列问题。教师也一直在试图通过丰富多彩的教育形式，逐步提高学生相应兴趣和爱好，但收效甚微。研学旅游是鼓励学生"读万卷书，行万里路"的过程，是让学生带着校园内学习到的知识在广阔的校园外得以补充、感受的历程。通过将学习和旅行相结合以化解教学远离实际的困境，解决知识与实践脱离的问题。理论上说，研学旅行开辟了德育教育的新路径和新方式，可以让学生从读懂道德要求过渡到认知道德实践，从而形成道德意识。但是，从现行研学旅行开展的情况来看，历史、文化、技能、科学知识等内容所占比重较大，侧重于学生科学文化底蕴教育，青少年的德育教育比重并不多。部分学校意识到将德育教育内容融入研学旅行中的重要性和必要性，试图倡导德育教育，但是相关研学教材、课程内容设计并没有融入研学旅行过程之中。

我国对研学旅行的相关制度制定起步较晚，2013 年 2 月，国务院颁发了《国民旅游休闲纲要（2013—2020 年）》，这是我国首次在文件中明

确提出"逐步推行中小学生研学旅行"。教育部等部门先后出台了《关于开展中小学生研学旅行试点工作的函》《关于进一步做好中小学生研学旅行试点工作的通知》《关于推进中小学生研学旅行的意见》等文件，为中小学研学旅行的开展提供了政策保障，制度文件的不断推进和完善标志着我国研学旅行在逐步深入推进。研学旅行的规范化实施和制度化实践必将带来我国基础教育领域人才培养模式的创新，也会给现行青少年德育工作带来新契机和新机遇。

研学旅行看似轻松，很容易让人们将之等同于一般的集体旅游。实际上，国家提倡的面向在校中小学生开展的研学旅游与日常课堂学习和日常旅游有着显著区别，是一种青少年教育的社会化方式。青少年长大的过程是一个不断社会化的过程。而人的社会化过程从来都不是一蹴而就的，需要青少年由浅入深的体验感和参与感，需要在具体的社会情境中去感受、体验、实践、反思以及成长。研学旅行呈现了三个特点：第一个特点是研学旅行提供了一个真实的社会化情境。研学旅行不同于学校组织的校内演出，也不同于实验室里的科学小实验，它将青少年完全置身于社会中开展活动，为青少年见识最真实的社会环境提供了良好的机会。研学旅行是体验性的活动，是属于青少年个人的成长体验，不同于书本传递和家长传授，这种社会性的体验是不可代替的。第二个特点是研学旅行为青少年提供了集体性活动机会。每一个孩子都需要在与朋辈的共处中交流长大，学校教育虽然也是集体教育，但是校园课堂、课外活动的集体性有着比较明确的规定，青少年的自主性没有得到充分的展示。在研学旅行中充分营造了集体活动空间，是一种群体外出的实践，让青少年与同龄人在一起交流成长。第三个特点是研学旅行为青少年提供了独立的机会。研学旅行是集体活动，但是也需要青少年以单独的个体参与。这就意味着青少年必须遵守社会规则，践行社会的行为准则，以社会公德规约自身的行为。这种"独立"的体验感和实践性是课堂知识无法替代的，也是在家庭和校园里不能完成的。因此相比于课堂学习，研学旅游作为一种全新的学习情境对学生具有学习、探索的唤起作用。教育即生活，教育即社会，教育即自然。研学旅行是教育社会化的一种探索方式，可实现青少年阶段的社会化教育，强化青少年的集体意识和公民意识，拓宽青少年认识社会、认识世界的平台，唤起青少年自我意识。研学旅行把学生从封闭性的校园学习、教条性的书本学习，带到一个更广阔的真实社会和世界。未来将会有越来越多的孩子，在研学旅行中感受蓝天旷野，体验大好河山，体悟经典文化，经受风雨洗礼，磨炼意志，铸造心性，从而内心更加充盈，思想更加成熟，收获更加美好的人生。

三、加强中小学研学教材与产品设计的导向，创新性融入德育元素内容

研学旅行与以往传统的学校组织的"郊游""春游"等活动有本质的区别。研学旅行不同于简单的游山玩水和集体玩乐，而是以获得教育实效为主要目的，对课堂教学进行有益延伸和必要补充，与教学内容和青少年身心成长有密切关联和连续性的教育活动。研学旅行拓展了青少年教育的场域，但仍然要与校园内的教学要保持一致性和连续性，要遵循教育规律，使用适当的教育方法，针对不同年龄的青少年设计不同的研学旅行方案，这样才能真正地达到研学旅行的目的。研学旅行可依托自然、人文、社会环境以及各种综合实践基地，对学生进行全面教育，在此过程中，以活动为载体激发青少年身心潜能、砥砺人格、熔炼团队。

研学旅行在国内开展的时间还不长，国家文件制定之后推进建设已经有四年的时间，从文件下发到现在为止，研学旅行的推进情况并不十分乐观，实际情况是呼声很高，但落实情况还有一定的差距。问题的症结在于研学旅行活动普遍缺乏建设标准，活动成效很难把握和预期，存在师资难以胜任的质量风险和因利益交换而产生的法律风险。这些风险和问题严重制约着研学旅行活动的更好推进和实施。因此，研学旅行的顺利开展必须要解决建设标准这个瓶颈问题，才能真正发挥作用。为此，要不断建立和完善研学旅行系列标准，让研学旅行各环节进入标准化时代。提升研学旅行的质量、达到研学旅行的实际成效要有可测量、可操作的基本标准，服务机构、基地、导师是决定研学旅行建设质量的三个重要因素，武汉成了国家首个规范中小学研学旅行标准的城市。武汉市旅游发展委员会和武汉市教育局联合公布《服务机构评定与服务规范》《研学基地评定与服务规范》和《研学导师评定与服务规范》3个考评标准，在服务机构、研学基地、研学导师三个方面做了有实际指导作用的详细规定。在武汉市出台的研学旅行实施方案中明确规定了一些工作细则，比如中小学学生研学旅行原则上安排在学期中间，时间为4～7天，费用由学校、家庭和社会共同承担。同时，规定了各个不同学习阶段的学校研学旅行的学习重点，要求

小学阶段以乡情区情为主、初中阶段以区情市情为主、高中阶段以省情国情为主，以此来规范不同的年龄特点建设不同重点的研学课程体系。中国旅行社协会与高校毕业生就业协会联合发布《研学旅行指导师（中小学）专业标准》（T/CATS 001—2019）、《研学旅行基地（营地）设施与服务规范》（T/CATS 002—2019），自 2019 年 3 月 1 日起实施。《研学旅行指导师（中小学）专业标准》对研学旅行指导师专业素养提出了基本要求，使研学旅行指导师在实施研学旅行教育活动时有了基本的准则，对引领研学旅行指导师的专业发展以及研学旅行指导师的培养、准入、培训、考核等工作具有重要意义。《研学旅行基地（营地）设施与服务规范》规范和提升研学旅行基地（营地）服务质量，使研学旅行基地（营地）有相对科学、规范的准入条件，引导旅行社正确选用合格研学旅行基地（营地）供应商，保证研学旅行线路产品的服务质量，推动研学旅行服务市场的健康发展。该两项标准规定了研学旅行指导师（中小学）、研学旅行基地的规范性引领性条件，其施行将对研学旅行行业产生重要的现实影响，未来将基于此标准开展等级评价工作。由此我们也将预见中国中小学研学旅行大跨步迈入标准建立和质量提升的时代。

要加强研学旅行中研学产品的开发设计，不断创新性地融入德育教育内容。研学旅行在有了初步的标准化制定之后，应该深入思考教育效果的问题。研学旅行应以德育为主线，尝试在研学旅行中融入爱国主义、文化传承、创新创意、团队精神等相关主题的学习活动，不断激发青少年对德育自主学习的兴趣。就四川省来说，可根据研学旅行育人目标，结合域情、校情、生情，依托四川大熊猫栖息地、都江堰、泸定桥、彝海结盟地、邓小平故居、金沙遗址、四川博物院等资源打造一批自然、人文历史和红色研学旅行基地；逐步在全省建成布局合理、类别多样、资源丰富、安全适宜、具有四川特色的中小学生研学旅行基地和示范型研学旅行精品线路，逐步形成立足四川、联通全国的研学旅行网络。教育工作者要主动创新融入德育教育方式，研发可落地实施的德育研学教材，挖掘符合标准的产品设计，逐步引导青少年重视、认同德育教育，以促进青少年德智体美综合全面的发展，不断提升青少年的家国情怀和社会责任感，让青少年成为具有正确的价值观、较强的创新意识和实践能力的复合型社会人才。

要加强研学旅行的后期反思反馈、总结提升工作。研学旅行的时间并不长，短则几天的时间，多也不会集中超过一个月。在活动结束之后，应加强研学旅行的反思和反馈。一方面的反思是青少年活动中的所思所获的总结凝练与提升，学校要引导学生将活动中收获的信息与方法形成新的认识并固化下来，学校教师和研学导师要指导学生对研学旅行有记录、再认识、反思过程，从而达到体验升级、成长升级，不能"只旅不学"，引导学生进行深刻的自我分析和评价，要通过旅行让学生发现更加全面的自己，让反思后的学习成果在日常自我成长中不断地深化，让研学旅行的收益能够历久弥新。教师在全面了解学生成长情况的基础上，要认真总结活动收获，活动结束后也要及时反思课程设计与活动设计之间的关联度以及活动安排和组织，以此不断促进研学旅行课程设计内容和方法的改进。另一方面的反馈是对研学旅行活动举办双方的信息反馈。学校方面要接受基地的反馈信息，加强对学生研学活动前后的准备和组织，基地方面要接受学校师生的反馈信息，不断提升服务学生质量，开展有利于学生成长的各类活动，逐步增强基地教育功能。

四、多方互动，增强研学旅行德育成效

学校是开展学生研学旅行的主要载体，教师是在研学旅行中具体引导德育教育的真正实施者，青少年是吸收内化德育教育的主体。一是学校应把好研学旅行中德育教育课程设计方案的关，有机融入德育元素，让价值观引导教育能够润物无声地融入研学旅行，让校园内外的教育成为统一的整体。学校要以高要求、可落地的标准制定好课程体系，做好校内理论课程与研学旅行实践课程的衔接，严格执行课程体系方案，为取得较好教育成效做好第一道防护关。二是要加强教师培训，以教师队伍的素质建设推进研学旅行德育效果落地。教师实施德育教育水平的高低直接决定研学旅行德育效果的好坏程度，唯有打造一支专业的德育教师队伍，加强对研学旅行的研究和探索，做好课程体系与研学旅行体系的衔接，才能将研学旅行的德育效果不断深化，才能真正地帮助青少年自我内化，提升德育的有效性和实效性。可以探索建立德育教师"学历＋证书"的准入机制，鼓励非专业教师通过专业培训认证以专兼职方式进入中小学德育教师队伍。鼓励教师参与研学旅行指导师（中小学）专业标准建设，发挥好教师的积极引导功能，为研学旅行德育落地提供有力保障。三是做好青少年研学旅行成果呈现。我国青少年在多年的应试教育下更加关注分数和智育成绩，要改变这一现状并让学生在内心深处对德育有着较高的认识并非易事。学校

应该不断强化德育成果，让青少年看到、感觉到、认识到自身的变化和成长。研学旅行是一种不可替代的个人体验，这种体验是生动而直接的，最容易让青少年有感想、有表达的欲望。因此应不断探索研学旅行德育成果的呈现，以摄影展、汇报展、文字表达、网络载体宣传等多种方式强化青少年自我总结自我提升的能力，变被动为主动接受德育内容，不断拓宽自主学习渠道，注重自我综合素质能力的培养。通过研学旅行，青少年应主动内化学习，解决好思想意识问题，不断转变观念，摒弃传统的以分数为重的观念，树立素质教育"无价"的观念。四是加强责任管理与监管体制建设，逐步构建完善的评价体系。研学旅行仍需要不断地发展和进步，需要建立更加成熟的评价体系和监管机制。除了学校、家庭、学生个人的努力，良好的社会舆论环境也是研学旅行成熟建设的重要条件。青少年的研学旅行是融入社会环境中的，在活动开展过程中，每一种社会现象都会真实地展示在青少年面前。青少年健康成长事关重大，因此应该加大社会舆论环境的引导力度，塑造全民参与学习的大环境，潜移默化地影响青少年正确地看待世界和社会，在研学旅行中让学生形成正确的人生观、世界观、价值观。

我国中小学研学旅行的研究与实践正在日渐完善和成熟之中，通过这种"寓教于游""边游边学"的方式，将德育创新有机地融入研学旅行之中，可以达到事半功倍的成效。学校德育既要学好书本上的知识，也需要走入自然，走进各类教育基地，将书本中学到的理论与实践相结合，在社会这个更大的"学校"中学会做事、做人，读懂国家、民族的历史，领会新时代青少年的使命与责任。随着学校、家长、社会、学生对研学旅行的认识逐步提高，各地教育部门、中小学、旅游部门等逐步完善研学旅行的制度化建设、标准化建设，这就极大地推进了研学旅行的可操作性，提升了研学旅行的吸引力，越来越多的地区将研学旅行纳入了青少年学习的必要环节。但是，我们必须要深刻地意识到，研学旅行是一个教育领域的复杂工程，依靠任何单方面的努力都是远远不够的，因此需要学校、家长、教育主管部门、研学旅行基地乃至社会各界力量密切联动、权责清晰，共同落实制度保障、资金保障、安全保障。我国的研学旅行还处于探索期，还存在诸多亟待解决的问题，因此，要进行更深入的研究，多一些人文关怀，通过协调各方支持，加深区域理解，开拓研学基地，有针对性地解决问题，积极探索为区域内中小学研学旅行道德教育的开展做出努力。

结　语

　　青少年的健康成长关系着民族未来，中小学德育的建设工作一直在探索和实践的路上。我国改革开放四十多年以来，青少年德育的内容建设、方式方法、内涵与重点都在不断地更新和发展，社会主义教育、爱国主义教育和集体主义教育一直牢牢占据了我国不同时期德育的重要位置。我们开始更加深刻地审视德育的规律性和实效性。党中央和国务院《关于深化教育教学改革、全面提高义务教育质量的意见》深入分析了当前基础教育的现状，针对义务教育阶段学校普遍存在的问题，准确把握党的十九大精神和全国教育大会部署，对于深化教育教学改革、全面提高义务教育质量的重大安排，为全国教育工作者指明了工作方向，确定了工作任务，提出了工作要求。探索新时代教育规律、学生成长成才规律，确立以德智体美劳全面培养为主要内容的"五育"体系，培养适应社会发展、担当民族复兴大任的高素质全面发展的时代新人，不仅是对马克思主义政党教育方针的继承和发展，更是实现中华民族伟大复兴，培养社会主义事业的合格建设者和可靠接班人的时代需要。培养德智体美劳全面发展的接班人是对马克思主义教育思想体系的创新与发展，是对人整体素质定位的基本准则，是人类社会教育趋向的目标。

　　中小学德育要以人的全面发展理论为指引。"品德发展是一个渐进的、螺旋上升的过程，是道德认知、道德情感、道德意志、道德行为协调发展的过程。"[1] 中小学德育工作要收获理想的效果，就一定要与青少年的年龄特点、身心发展规律、成长规律相符合，也要遵循教育的规律，不能冒进，不能走偏。这样才能树立合理的德育目标和建设任务，形成合理的内容框架，按照科学的途径和教育方法，加强不同年龄段的德育体系建设，

---

　　① 冯建军：《改革开放四十年中国德育的转型发展》，《思想政治教育》2018 年第 7 期，第 147 页。

不断提升青少年学生的思想道德水平。目前，我国提出了要构建大中小学德育一体化体系，目的在于避免德育的随意性和运动式，去更好地掌握和挖掘德育的规律，更尊重人的成长规律，使德育真正回到"人"，回到人的德性发展与提升。我们必须要认识到，德性的发展是一个长期、有序、有规律的过程。只有符合品德发展规律的德育，才是有效的德育。习近平总书记着眼新时代中国特色社会主义教育的全局，深刻阐释了立德树人的基本内涵。对于培养什么人，习近平总书记指出，"育新人，就是要坚持立德树人、以文化人，建设社会主义精神文明、培育和践行社会主义核心价值观，提高人民思想觉悟、道德水准、文明素养，培养能够担当民族复兴大任的时代新人"①。中小学教育要聚焦立德树人，突出德育的整体性、引领性、辐射性，在教育内容上，培育全面发展的、能够担当民族复兴大任的时代新人。在教育方法上，关注成人的教育和成才的教育。在教育成效上，培养学生正确的价值观念、关键能力和必备品格。德育是人的灵魂，是决定人的成长方向的根本问题。德育不仅仅是品德课、思政课的专利，而是和智育、体育、美育和劳动相互融合，共同催生个体形成正确的世界观、人生观、价值观，使之具有大爱大德大情怀的时代新人。2014年教育部出台《关于培育和践行社会主义核心价值观进一步加强中小学德育工作的意见》，提出要加强中小学德育的几个薄弱方面，包括传统文化教育、公民意识教育、生态文明教育、心理健康教育、网络德育。2017年《中小学德育工作指南》强调新时期德育的新内容，包括理想信念教育、社会主义核心价值观教育、中华优秀传统文化教育、生态文明教育和心理健康教育等。为了实现培养"德智体美劳全面发展的人"这一育人目标，不同层级、不同主体需要清晰地认知、理解、践行并努力去达成本级目标，从而保证国家总体育人目标的实现。

中小学德育应充分调动社会力量，构建社会、家庭、学校德育生态系统。个体的思想道德发展是一个长期过程，是在一个综合的环境体系中缓慢发展而成的。青少年置身于社会发展的大情境中，集中接收所接受的信息并将之转换为自身为人的价值指南。因此，除了学校组织的有目的的直接德育，还有在学校、家庭和社会中接受的间接德育、隐性德育。"德育不应该只是一个个孤立的点，而是一个系统、一个开放的影响系统，既包

---

① 习近平：《习近平谈治国理政》（第三卷），北京：外文出版社，2020年，第312页。

括直接德育，也包括间接德育、隐性德育；既包括学校德育，也包括家庭德育、社会德育。"① 品德形成发展是一个长期的、反复的过程，品德的教育场域也不仅仅在学校里，也在家庭、学校、社会中。因此，提升中小学德育不仅要提升学校教育的能力和水平，也要对家庭教育和社会教育提出更加明确的要求，不断构建社会、家庭、学校三位一体的德育模式，形成社会、家庭、学校一体的德育生态系统。青少年的家庭要为孩子养成良好的品行做足功课，要深刻认识到家长才是孩子一生的重要影响者，所有家庭成员要为孩子的成长做好榜样，让他们在充满爱的家庭里成长为不缺乏爱也能够给予世界爱的人。国家要加强对社会政治、经济、文化、道德环境的综合治理，为道德教育提供良好的社会环境，让青少年接受无形的道德教育，让青少年在一个和谐的大环境中成长为合格的好公民。总之，德育工作是神圣而深刻的，也是充盈而灵动的。我们要使德育成为成"人"的教育，成为树"人"的教育，焕发出人性的光辉与魅力。

结语

---

① 冯建军：《改革开放四十年中国德育的转型发展》，《思想政治教育》2018 年第 7 期，第 148 页。

参考文献

一、著作类

班华, 2001. 现代德育论 [M]. 合肥：安徽人民出版社.

高平叔, 1991. 蔡元培教育论著选 [M]. 北京：人民教育出版社.

郭凤志, 2008. 德育文化论 [M]. 北京：中国社会科学出版社.

黄向阳, 2001. 德育原理 [M]. 上海：华东师范大学出版社.

潘菽, 1991. 中国大百科全书：心理学卷 [M]. 北京：中国大百科全书出版社.

任仕君, 2013. 教育学基础 [M]. 北京：北京师范大学出版社.

上海《哲学小辞典》编写组, 1975. 哲学小辞典 [M]. 上海：上海人民出版社.

宋春宏, 1999. 比较德育新论 [M]. 重庆：西南师范大学出版社.

檀传宝, 2006. 德育原理 [M]. 北京：北京师范大学出版社.

王瑞苏, 2001. 比较思想政治教育学 [M]. 北京：高等教育出版社.

王义高, 2002. 当代世界教育思潮与各国教育改革趋势 [M]. 北京：北京师范大学出版社.

汪永铨, 2000. 面向 21 世纪我的教育观：高等教育卷 [M]. 广州：广东高等教育出版社.

王兆璟, 2017. 美国的公民意识教育与族群认同研究 [M]. 北京：中国社会科学出版社.

王志强, 2013. 当代中国家庭道德教育研究 [M]. 杭州：浙江大学出版社.

魏运华, 2004. 自尊的心理发展与教育 [M]. 北京：北京师范大学出版社.

谢立中, 2000. 当代中国社会变迁导论 [M]. 石家庄：河北大学出版社.

章辉美，2004．社会转型与社会问题 [M]．长沙：湖南大学出版社．

张汝伦，1994．文化融合与道德教化 [M]．上海：上海远东出版社．

张澍军，2002．德育哲学引论 [M]．北京：人民出版社．

中共中央党史和文献研究院，2019．十九大以来重要文献选编：上 [M]．北京：中央文献出版社．

中共中央马克思恩格斯列宁斯大林著作编译局，1995．马克思恩格斯选集：第1卷 [M]．北京：人民出版社．

中共中央马克思恩格斯列宁斯大林著作编译局，1995．马克思恩格斯选集：第2卷 [M]．北京：人民出版社．

中共中央文献编辑委员会，1994．邓小平文选：第2卷 [M]．北京：人民出版社．

中共中央文献编辑委员会，2006．江泽民文选：第1卷 [M]．北京：人民出版社．

中共中央文献研究室，1999．毛泽东文集：第7卷 [M]．北京：人民出版社．

中共中央文献研究室，2014．十八大以来重要文献选编：上 [M]．北京：中央文献出版社．

中共中央文献研究室，2017．习近平关于青少年和共青团工作论述摘编 [M]．北京：中央文献出版社．

中共中央文献研究室，2017．习近平关于社会主义文化建设论述摘编 [M]．北京：中央文献出版社．

海德格尔，2008．现象学之基本问题 [M]．丁耘，译．上海：上海译文出版社．

康德，2005．道德形而上学原理 [M]．苗力田，译．上海：上海人民出版社．

乌申斯基，2007．人是教育的对象：教育人类学初探：上卷 [M]．张佩珍，译．北京：人民教育出版社．

杜威，1981．杜威教育论著选 [M]．赵祥麟，王承绪，编译．上海：华东师范大学出版社．

彼得森，2016．打开积极心理学之门 [M]．侯玉波，王非，等译．北京：机械工业出版社．

麦金太尔，1995．德性之后 [M]．龚群，戴扬毅，等译．北京：中国社会科学出版社.

科恩，1986. 自我论［M］. 佟景韩，范国恩，许宏治，译. 北京：
生活·读书·新知三联书店.

二、论文类

陈桂生，2003. "德目主义"评议［J］. 当代教育学刊（8）.

陈东永，李红鸣，郭子其，2015. 基于每位学生充分发展的学校课程创生
设计——以成都树德中学"卓越人生"教育学校课程建设为例［J］.
课程·教材·教法（8）.

楚琳，2009. 当前英国国家课程体系中的中小学道德教育内容及特点
［J］. 中国德育（1）.

范中杰，2001. 论转型时期亲子关系的转变［J］. 四川师范大学学报（社
会科学版）（7）.

冯建军，2018. 改革开放四十年中国德育的转型发展［J］. 思想政治教育
（7）.

黄学多，2012. 新时期农村中小学德育教育新途径探析［J］. 当代教育
理论与实践（9）.

季海菊，2012. 生态德育：国外的发展走向与中国的未来趋势［J］. 南京
社会科学（3）.

贾仕林，崔景贵，2001. 国外青少年道德教育的走向及其启示［J］. 青年
探索（5）.

李朝智，2013. 社会转型期政府思想政治工作的环境、特征探微［J］.
理论月刊（3）.

李芙蓉，2018. 网络环境下青少年德育过程规律的变化及路径选择［J］.
教育理论与实践（18）

林亚芳，2006. 当代英国学校的德育［J］. 政工研究动态（10）.

刘冬梅，2010. 小学道德底线教育的回归［J］. 基础教育研究（15）.

买雪燕，2006. 国外道德教育对我国德育建设的启示浅议［J］. 青海社会
科学（6）.

石军，2015. 现代中小学学校德育的困境及其超越［J］. 教育科学论坛
（22）.

王波，王芳，2007. 韩国的礼仪教育［J］. 中国德育（7）.

王冬桦，1996．东西方道德教育比较研究［J］．比较教育研究（4）．

王国强，2011．"社区即学校"：区域社区德育资源的开发与利用［J］．中小学管理（12）．

王洪杰，2016．我国中小学隐性德育缺失的成因与对策分析［J］．中国教育学刊（9）．

王雅林，2003．中国社会转型研究的理论维度［J］．社会科学研究（1）．

魏新强，2010．新加坡学校德育途径及启示［J］．中国青年研究（8）．

吴军民，齐耀铭，2000．法国青少年的公民意识与公民教育［J］．青年研究（8）．

杨荣，2007．美国学校道德教育的途径方法及其启示［J］．教学与管理（4）．

杨绍辉，刘淑艳，2010．日本学校德育及对我国的启示［J］．理论探讨（6）．

张明悦，2016．传统中小学德育的困境与现代德育理念的建构［J］．中小学教师培训（7）．

参考文献

后 记

青少年的思想道德教育永远是时代的重大课题。无论是走在青春的校园里还是熙攘的街道上，迎面而来的朝气蓬勃的年轻人总是让人感觉到他们的活力。正如毛主席所说："世界是你们的，也是我们的，但是归根结底是你们的。"① 因此，致力于青少年的思想道德教育研究也是一个朝气蓬勃的事业，为培养担当民族复兴大任的时代新人贡献力量我们认为是非常有价值的一件事。

本课题组成员共有五人，分别是白洁、罗万勋、李昌国、张荣、杨思慧。研究团队以四川省中小学思想道德教育为出发点，对四川省成都、绵阳、遂宁三个市的 6 个区、县教育局 6 所小学和 5 所初中的德育工作进行了调研，在此过程中得到了诸多同行的指导帮助和大力支持。调研的过程是辛苦的，但是收获也是丰硕的。尤其一些案例让人记忆犹新：在某乡镇中学调研时，一位老师提到诸多中学生是留守儿童（似乎用少年来称呼更为合适），住校五天，周末回家与祖父母生活两天，祖父母疏于教导，在学校形成的良好学习习惯在周末就会消失殆尽，周一回校老师们需要重新教育和管理学生们的学习生活习惯，长期如此，周周如是，所以这位老师得出结论就是"五加二等于零"。

本课题组所有成员希望能够通过基层翔实的调查研究，结合现有学术研究和实践现状，在教育主客观环境发生了变化的情况下，紧跟时代的背景和要求，构建中小学校思想道德教育架构，为提高中小学校思想道德教育水平建言献策。本书是四川省社会科学界联合会科研重点团队的科研成果，得到西南科技大学马克思主义学院的资助，在此也要特别感谢四川大学出版社陈克坚老师的认真负责，让本书能够顺利出版。

---

① 中共中央文献研究室：《毛泽东年谱（一九四九——一九七六）》（第三卷），北京：中央文献出版社，2013 年，第 248 页。

课题组成员坚持将新时代的特征和要求融入研究之中，力争做到创新发展中小学校思想道德教育的方法和内容，揭示内在规律，构建新时期中小学校思想道德教育体系。期待本研究成果能为更好地优化中小学德育教育环境、树立典型模范、转变传统观念、提升德育教育效果，形成资源共享、多方面协调发展的良好氛围提供帮助。

　　当然，本课题组成员由于工作与发展的变化导致面对面交流的机会不多，加之理论水平和研究能力有限，所以本书难免有不足之处，敬请各位同行、专家批评指正。

本课题组
2021 年 4 月 10 日

后记